THE GREAT WESET

Die Deutsche Bibliothek verzeichnet diese Publikation in der Deutschen Nationalbibliografie; detaillierte bibliografische Daten sind im Internet unter https://portal.dnb.de abrufbar.

1. Auflage 2024

© 2024 massel Verlag, München
www.the-great-weset.de

ISBN 978-3-948576-11-0

Printed in Germany

Eugen Zentner

KUNST UND KULTUR GEGEN DEN STROM

massel

Inhalt

Einleitung

In Krisenzeiten sollte die Kunst- und Kulturbranche eigentlich auf Missstände hinweisen. Sie sollte den Finger in die Wunde legen, der Gesellschaft den Spiegel vorhalten und mit Kassandrarufen vor Fehlentwicklungen warnen. Sie sollte aufbegehren und anklagen, aber auch nach Lösungen suchen und Utopien entwerfen. Einfluss und Wirkmacht von Künstlern sind groß, sie müssen sie nur nutzen. Dass sie das während der Corona-Krise tun würden, darauf hofften viele Menschen lange vergebens. Wer die Maßnahmenpolitik seit März 2020 als zu hart und unverhältnismäßig ansah, ersehnte ein gewaltiges oder doch wenigstens irgendein Echo aus der Kulturbranche. Schließlich war sie von den Einschränkungen selbst besonders stark betroffen: Vom Staatstheater bis zur Kleinkunstbühne, vom Konzertsaal bis zum Liveclub mussten sämtliche Spielstätten von einem Tag auf den anderen schließen. Festivals und Tourneen wurden abgesagt.

Wer in einer Kulturstätte fest angestellt war, hatte immerhin eventuell Anspruch auf Kurzarbeitergeld. Freiberufliche Künstler hingegen mussten nach Wegen suchen, wie sie ihren Lebensunterhalt sichern konnten. Für sie kamen die Einschränkungen einem Berufsverbot gleich. Angesichts dieser misslichen Lage wurde erwartet, dass die Kunstwelt ein lautes Signal senden würde. Statt aber ihre Stimme zu erheben, blieben die meisten Künstler still. Statt die Regierung dafür zu kritisieren, dass die Grundrechte außer Kraft gesetzt worden waren, redeten sie ihr nach dem Mund. Sie ließen sich für Werbekampagnen einspannen, halfen mit bei der Diffamierung von Maßnahmenkritikern, versuchten ihre Karriere durch konformes Verhalten zu retten. Andere gingen in die innere Emigration. Sie schwiegen und tauchten ab, um die Krisenzeit möglichst unbeschadet zu überstehen.

Wer durchblicken ließ, mit der Maßnahmenpolitik nicht einverstanden zu sein, wurde medial zerrieben – selbst wenn die Kritik zaghaft und nur in Andeutungen daherkam. An ansatzweise Aufmüpfigen klebten sofort Etiketten wie „Corona-Leugner", „Verschwörungstheoretiker", „Querdenker" oder „Schwurbler". Vielen etablierten Künstlern dürfte zu jener Zeit bewusst geworden sein, dass sie nur im Kollektiv aufbegehren konnten. So schlossen sich relativ spät 53 namhafte Schauspieler und Filmschaffende aus Deutschland zusammen, um mit der Aktion #allesdichtmachen ein Zeichen zu setzen. Unter den Teilnehmern waren Jan Josef Liefers, Heike Makatsch, Wotan Wilke Möhring, Meret Becker, Ulrich Tukur und Nadja Uhl. Es war die Crème de la Crème der hiesigen Schauspielszene, die in Einzelvideos auf ironische und sarkastische Weise die Corona-Politik genauso hinterfragte wie die mit ihr verbundene „Diskussionskultur".

#allesdichtmachen weckte in der Bevölkerung große Hoffnung: Endlich trauten sich berühmte Künstler, ihre Stimme gegen Ungerechtigkeit und undemokratische Maßnahmen zu erheben. Aber die Aktion verpuffte schneller als erwartet. Nach einem medialen Shitstorm ruderte rund die Hälfte der Schauspieler zurück und distanzierte sich von den eigenen Aussagen. Spätestens zu diesem Zeitpunkt gaben unzufriedene Bürger auf, ihre Hoffnung in die Künstlerprominenz zu setzen. Für sie hatte die Kulturlandschaft auf weiter Strecke versagt. Dieser Eindruck hält sich bis heute.

In der Zwischenzeit wurde die Corona-Krise von weiteren Krisen abgelöst, aber gewisse Muster sind geblieben. Wer bei Themen wie Klima, Gender-Politik oder Ukrainekrieg vom Mainstream abweicht, bekommt Gegenwind. Andersdenkende werden aus dem Debattenraum verbannt, sie werden beschimpft und bei fortdauernder Renitenz existentiell vernichtet. Der autoritäre Geist feiert in Deutschland ein Comeback und durchdringt mit Riesenschritten alle Institutionen, auch die Kulturbranche. Wer als etablierter Künstler auch nur einmal von der herrschenden Meinung abweicht, bringt seine Karriere in Gefahr: Man wird nicht mehr zu Talkshows eingeladen, nicht interviewt, muß mit Vertragskündigungen und dem Ausbleiben von Aufträgen rechnen. Diese Art der subtilen Bestrafung ist heute unter dem Begriff „Cancel Culture“ bekannt. Sie schreitet derart rasend voran, dass Künstler ihren Beruf zunehmend mit einer Schere im Kopf ausüben. Es fällt immer mehr auf, wie bereitwillig die meisten heute den Mächtigen nach dem Mund reden. Von der rebellischen Attitüde früherer Jahre ist nicht viel übrig. Statt die Obrigkeit in Politik und Wirtschaft für ihr Fehlverhalten zu rügen und zu verspotten, statt also nach oben zu treten, tritt man nach unten – gegen alle, die sich den offiziellen Narrativen nicht fügen wollen.

Wer der Cancel Culture zum Opfer fällt, dem bleibt nur die Flucht in eine alternative Kulturszene. Die wächst zum Glück recht schnell. Das ist die positive Botschaft. Infolge der sozialen Verwerfungen der Krisenzeit haben sich in der Kulturbranche parallele Strukturen herausgebildet. Von ihnen erzählt dieses Buch. Die Alternativen in Kunst und Kultur sind auf zweierlei Weise zu verstehen: Sie ergeben sich einerseits für die Künstler selbst, weil neue Medien, neue Kulturwettbewerbe oder neue Auftrittsmöglichkeiten entstehen. Andererseits ergeben sich auch Alternativen für Rezipienten, die von der Kultur erwarten, dass sie gerade in Krisenzeiten als Korrektiv fungiert. Diese Leerstelle füllen mittlerweile zahlreiche Newcomer und professionelle Künstler, die zuvor meist im Hintergrund agierten. Sie erheben ihre Stimme und scheuen sich nicht, unangenehme Themen anzusprechen, ob in der Musik, im Kabarett, in der Literatur oder in der bildenden Kunst. Gattungs- und genreübergreifend sind in den letzten Jahren zahlreiche Werke entstanden, die sich kritisch mit dem Zeitgeschehen auseinandersetzen und die offiziellen Narrative gegen den Strich bürsten. Formal und inhaltlich gibt es durchaus Schnittmengen, allerdings auch Abweichungen im Ton und in den Botschaften: Manche Künstler klagen an, andere bauen Brücken. Mal spielen sie mit Humor, mal beschreiben sie die Verhältnisse in einer melancholischen Sprache. Es lassen sich experimentelle Ansätze finden, aber auch konventionelle. Die Spannbreite des künstlerischen Ausdruckswillens wächst im gleichen Tempo wie das Arsenal der Meinungswächter, die auch diese Künstler zum Schweigen bringen wollen. Wie den Schauspielern der #allesdichtmachen-Aktion bläst ihnen Gegenwind ins Gesicht. Sie werden diffamiert und bisweilen strafrechtlich verfolgt. Auftritte werden kurzfristig abgesagt, Hallenmietverträge gekündigt, Videos gelöscht – auf bestimmten Online-Portalen dürfen sie ihre Werke nicht veröffentlichen.

Entmutigen lassen sich diese Künstler aber nicht, so widrig die Arbeitsbedingungen sein mögen. Sie zeigen einen langen Atem und produzieren munter weiter, in der Hoffnung, zur gesellschaftlichen Veränderung beizutragen. In der außerparlamentarischen Opposition werden sie dafür verehrt und bewundert. Manche Künstler erfreuen sich einer wachsenden, treuen Fangemeinde. Sie werden häufig gebucht und gehen auf Tour. Wer schon vor Corona als freischaffender Künstler tätig war, empfindet die neuen Auftrittsbedingungen als angenehm – trotz Cancel Culture: Man spielt immer noch auf Kleinbühnen und bisweilen vor einem kleineren Publikum, aber vor einem, das die gleiche Einstellung und Weltsicht teilt. Das Gemeinschaftsgefühl spornt sie an; es gibt ihnen Kraft und setzt kreative Energie frei.

Außerhalb des Mainstreams lässt es sich zumindest stellenweise sehr wohl aushalten. Das bestätigen selbst große Namen, die früher im Rampenlicht standen. Spürten sie dort den Druck vorherrschender Sprachregelungen, so fühlen sie sich in der alternativen Kulturszene frei. Hier können sie ganz sie selbst sein, können sagen, was ihnen auf dem Herzen liegt. Sie können ihre Kunst ausleben, ohne sich selbst zu zensieren. Manch eine totgeglaubte Karriere wird wieder angekurbelt. Mancher Künstler erlebt einen zweiten Frühling, weil er wieder Menschen erreicht, positives Feedback erhält, seine Kunst neu lieben lernt.

Das gilt erst recht für Newcomer, von denen nicht wenige zu

ihrem einstigen Hobby zurückgefunden haben und es nun zu professionalisieren versuchen, indem sie das Potential der entstandenen alternativen Strukturen nutzen. Die Erfolgreichen unter ihnen genießen überregionale Bekanntheit. Und auch wenn sie oftmals von ihrer Kunst nur spärlich leben können, erhalten sie Wertschätzung, die manchmal mehr wert ist als Geld. Auf neuen Konzertreihen und Festivals treffen sie andere Künstler, Kollegen mit kritischem Geist und unangepasster Haltung, sodass im Anschluss nicht selten Kooperationsprojekte entstehen. Man vernetzt sich und inspiriert sich gegenseitig. Das kommt allen Beteiligten zugute. Wenn die alternative Kulturszene floriert, profitieren davon nicht nur Veranstalter und Künstler, sondern alle Menschen in der außerparlamentarischen Opposition. Auch sie wollen keine Kunst mehr, die sich ausschließlich an der herrschenden Meinung orientiert. Wie in anderen Gesellschaftsbereichen sehnen sie sich nach Vielfalt, nach künstlerischen Darbietungen, die aus dem Einheitsbrei hervorstechen, die überraschen und fesseln, Gefühle wecken und zum Nachdenken bringen. Die das Verbotene wagen und provozieren. Kunst ist nicht nur Unterhaltung. Sie hat auch die Gabe, Kraft zu verleihen und Trost zu spenden, gerade in so schweren Zeiten wie diesen. Die hier vorgestellten Künstler und Institutionen tun das auf ihre je eigentümliche Weise – so unermüdlich wie beherzt.

I. Kabarett

Politisches Kabarett ist ohne Satire und Polemik nicht denkbar. Es bringt gesellschaftliche Missstände zum Vorschein, allerdings in einem komisch-unterhaltenden und oftmals bissigen Ton, damit die Kritik ihre Wirkung entfaltet. Das Publikum soll gerade durch die humorvolle Pointierung für Probleme der Zeit sensibilisiert und zum Nachdenken angeregt werden. Klassischerweise richten sich die Gags gegen die Repräsentanten der Macht, gegen namhafte Personen aus Politik, Wirtschaft und Kultur sowie gegen Institutionen, die gesellschaftlichen Einfluss ausüben. Um ihnen Wirkung zu verleihen, bedienen sich Kabarettisten aus einem stattlichen Arsenal an Stilmitteln: Sie über- und untertreiben, sie überhöhen und bagatellisieren, ziehen Personen ins Lächerliche, führen die Verhältnisse ad absurdum. Darin besteht ihre Kunst. Sie soll vor Augen führen, wie Anspruch und Realität auseinanderklaffen, wie beispielsweise Politiker und staatliche wie gesellschaftliche Institutionen Erwartungen enttäuschen, die die Bürger in sie setzen.

Diese Schere zwischen Ideal und Wirklichkeit prägt nicht erst seit Corona den Alltag in Deutschland. Die politische Ideologisierung aller sozialen Bereiche schreitet voran und macht auch vor dem Kabarett nicht halt. Die grassierende Cancel Culture ist lediglich ein Symptom dieser Entwicklung. Wer in seinen Gags von den herrschenden Narrativen abweicht, bekommt Schwierigkeiten. Das führt dazu, dass auch das Kabarett ideologisiert wird. Wie diese Mechanismen in der Praxis wirken, hat Helmut Schleich 2022 in einem Interview mit den *NachDenkSeiten*[1] erklärt: Wenn Kabarett in Fernsehen stattfinde, werde bei manchen Themen der Rotstift gezückt. Schleich veranschaulichte dies am Beispiel zweier Politiker: „Schreiben Sie eine Nummer über Söder und eine über Ricarda Lang. Ich mache beides. Bei Söder wird durchgewinkt, der Lang-Text geradezu seziert. Und selbst wenn alles, was ich ihr in den Mund lege, belegbar ist (…), bleibt am Ende der Vorwurf, der Text sei Grünen-Bashing. In meinen

1 https://www.nachdenkseiten.de/?p=84361

Augen ein völlig absurder Vorwurf an einen Kabarettisten. Wir leben ja schließlich von der Polemik und dem Spott."

Aber dieser Grundsatz scheint immer weiter zu verblassen. In den Redaktionen gehen die Verantwortlichen so vor, als handelte es sich nicht um Satire, sondern um Wissenschaft. Jede Aussage wird auf die Goldwaage gelegt und daraufhin untersucht, ob alle Fakten stimmen. Allerdings – und darauf spielt Schleich an – nur bei Themen, die mit Tabus belegt sind. Der Erfahrung des bayerischen Kabarettisten zufolge wird die Lupe insbesondere dann herausgeholt, wenn es sich um „Kritik an den Corona-Maßnahmen" handelt, „an der EU und an allem, was grün daherkommt". Den Redakteuren ist kein Vorwurf zu machen. Sie befinden sich in der gleichen Situation wie die Kabarettisten: Auch sie stehen unter einem stärker werdenden Konformitätsdruck, der laut Schleich „aus einer merkwürdigen Allianz zwischen Medien und links-grüner Politik" entsteht.

Wenn Kabarettisten heute im Fernsehen auftreten, dürfen sie den Raum des Sagbaren nicht verlassen. Innerhalb dessen Grenzen können sie jedoch machen, was sie wollen. Sie genießen eine Art Hofnarrenfreiheit – ob die behaupteten „Fakten" stimmen oder nicht, spielt hier keine Rolle. Wer keinen Unmut auf sich ziehen will, tut gut daran, den ideologischen Rahmen nicht zu verlassen. Dass viele heutige Kabarettisten diesen Grundsatz verinnerlicht haben, zeigt die veränderte Richtung der Gags: Ausgeteilt wird nicht mehr gegen die Mächtigen aus Politik, Wirtschaft und Medien, sondern gegen Bürger, genauer: gegen Bevölkerungsgruppen, die laut herrschender Meinung die „falsche" Gesinnung haben. Beispielhaft dafür ist der *ZDF*-Satiriker Jan Böhmermann. Nach dem Vorbild des von Heinrich Mann beschriebenen „Untertans" buckelt er nach oben und tritt nach unten. Er biedert sich dem links-grünen Establishment an und überzieht dessen Kritiker mit Häme. Mit politischer Satire hat das wenig zu tun. Die zeichnet sich nach Kurt Tucholsky nämlich dadurch aus, dass sie immer in der Opposition steht. Staatssatiriker wie Böhmermann greifen hingegen zum Mittel der Agitation und

Propaganda, wie der Publizist und Schriftsteller Klaus-Rüdiger Mai treffend festgestellt hat[2]. Bei ihnen werde die Häme zur „Soße zum Hass“, nicht gegen die Regierung, sondern gegen die Opposition. Es sei ein Humor, „dem jede Nonchalance, jeder Großmut abgeht und der stattdessen nur klein, grau und ungemein hämisch ist, kein Humor, der den Menschen befreit, sondern ihn erniedrigt, kein schallendes Lachen, sondern nur das verdruckste Kichern auf Zoten.“

Echte Kabarettisten sind rar geworden – zumindest im Fernsehen. Während der Corona-Krise musste man sie mit der Lupe suchen. Die Angst vor einem versehentlichen falschen Wort war so groß, dass nur ganz wenige sich trauten, das gesellschaftliche Chaos infolge der Maßnahmenpolitik satirisch zu überspitzen. Einer von ihnen war Matthias Richling, der zu Beginn noch in seiner eigenen Satireshow beim SWR Corona-Protagonisten wie den damaligen RKI-Chef Lothar Wieler und den heutigen Gesundheitsminister Karl Lauterbach parodierte. Je länger aber die Krise dauerte und je unerbittlicher die Diffamierungskampagnen über die Kritiker rollten, desto zurückhaltender wurde auch Richling. Gleiches gilt für Dieter Nuhr, der hier und da einen kritischen Gag platzierte, sich aber ansonsten durchlavierte, indem er zu verstehen gab, dass er im Großen und Ganzen hinter den Maßnahmen stehe. Wer seine Karriere nicht aufs Spiel setzen wollte, hielt sich an dieses Rezept. Nur einige wenige ließen sich nicht einschüchtern und gingen ans Eingemachte, unabhängig davon, wie stark der Gegenwind wurde. Schließlich begriffen sie, dass sie in einem Dilemma festsaßen: Entweder mussten sie der Macht nach dem Mund reden und regierungsfromme Satire produzieren oder sie würden aus den Mainstreammedien verschwinden und damit das Ende ihrer Karriere riskieren. In dieser Situation blieb den verschmähten Kabarettisten nur ein Ausweg: Sie mussten die Möglichkeiten der alternativen Medien nutzen.

---

2 Klaus-Rüdiger Mai: Nachdenken über Satire in Zeiten ihres Verschwindens. In: Michael Meyen, Carsten Gansel, Daria Gordeeva (Hrsg.): #allesdichtmachen. 53 Videos und eine gestörte Gesellschaft.

1. Uwe Steimle – vom MDR ins Internet

„Wer sich betroffen fühlt, ist auch gemeint." Diese Definition bemüht Uwe Steimle immer dann, wenn er erklären soll, was Satire ist. Viele Meinungsmacher fühlten sich tatsächlich von seinen Gags betroffen und bliesen zum Großangriff, um ihm die mediale Plattform zu entziehen. Steimle war einer der ersten Kabarettisten, die unter die Räder der gegenwärtigen Cancel Culture gerieten. Allerdings geschah das bereits vor der Corona-Krise, als noch die Flüchtlingsthematik die Schlagzeilen bestimmte. Entlang dieses Diskurses entstanden neue Sprachregeln und Narrative, die für Künstler wie Steimle gleichsam zu Minenfeldern wurden. Steimle, 1963 im Dresden der DDR geboren, stellte zunehmend fest, dass es heutzutage um die Meinungsfreiheit genauso schlecht bestellt ist wie zur Zeit der SED-Herrschaft. Er erkannte die gleichen autoritären Mechanismen, die sein Leben bis zum Mauerfall 1989 prägten. Als Steimle anfing, die Verhältnisse öffentlich zu kritisieren, geriet er schnell ins Fadenkreuz medialer Sniper. Prompt diffamierten sie ihn mit den bewährten Kampfbegriffen, obwohl er lediglich dafür eintrat, die Menschen im Osten des Landes nicht pauschal als „rechts" abzustempeln, nur weil sie beim Flüchtlingsthema eine andere Meinung vertreten als das politisch-kulturelle Establishment. Noch ehe er seine Kritik darlegen konnte, klebten an ihm die gleichen Etiketten. Die größte Aufregung rief ein öffentlicher Auftritt hervor, bei dem der Kabarettist ein T-Shirt mit der Aufschrift „Kraft durch Freunde" trug. Für die medialen Sniper war das ein „offenkundiger" Bezug zur NS-Organisation „Kraft durch Freude". Dabei zitierte Steimle bloß den früheren Kabarettisten Werner Finck (1902–1978), der seinerzeit mit diesem Ausspruch die NS-Organisation verballhornte: „Meine

Parole heißt: Kraft durch Freunde", hatte Finck öffentlich erklärt und dadurch deutlich gemacht, dass er sich von der NS-Ideologie nicht vereinnahmen ließ. Tatsächlich war Finck ein Kabarettist, der sich treu blieb und selbst in der gefährlichen Zeit des Nationalsozialismus nicht scheute, gegen die Mächtigen auszuteilen. Dafür wurde er verhaftet und ins Konzentrationslager Esterwegen gebracht, wo er mit anderen Regimekritikern wie Carl von Ossietzky und Julius Leber einsaß. Nachdem Finck entlassen worden war, bekam er ein Jahr Arbeitsverbot und wurde aus der Reichskulturkammer ausgeschlossen. Opportunismus und Nähe zum Nationalsozialismus lässt sich ihm nur schwer andichten. Finck war ein gradliniger Freigeist, der sich politisch weder rechts noch links sah. Diesen Charakterzug bewundert Steimle bis heute. Die Verwendung des Ausspruchs „Kraft durch Freunde" ist daher als Rückgriff auf ein Vorbild zu verstehen. Wie Finck will sich Steimle von niemandem vorschreiben lassen, was und wie er zu denken hat. Doch die medialen Sniper waren auf der Jagd und suchten ein Haar in der Suppe. Sie deuteten Steimles Aktion bewusst falsch, um ihn als „Antisemiten" brandmarken zu können. Fortan galt Steimle als „Feind der Demokratie". Aus einer Person des Zeitgeschehens wurde eine persona non grata.

Bis 2019 saß Steimle regelmäßig in Talkshows. Er übernahm Rollen in diversen Fernsehproduktionen und hatte sogar eine eigene Sendung beim MDR: In „Steimles Welt" fuhr der Kabarettist zusammen mit Michael Seidel in einem Wohnwagen durch Mitteldeutschland und unterhielt sich mit den unterschiedlichsten Menschen über ihre Geschichte vor und nach der Wende, meist in lockerem, humorvollem Ton mit satirischem Einschlag. Allerdings sorgte die negative Presse dafür, dass sich die MDR-Leitung zunehmend von Steimle distanzierte und dessen Sendung schließlich einstellte. Seitdem bekommt er keine Rollenangebote mehr, wird nicht mehr zu Fernsehtalkshows eingeladen und auch von den „Leitmedien" nicht interviewt. Aus dem Blickwinkel des medialen Mainstreams wirkt es, als wäre der Schauspieler und Kabarettist nicht mehr existent.

Aber Steimle hat nicht aufgegeben. Er hat seine Arbeit keineswegs eingestellt, sondern sie lediglich auf eine alternative Bühne verlagert. Noch während der Corona-Krise erstellte er einen eigenen YouTube-Kanal, um seine Art des Kabaretts medial zu verbreiten. Die Anregung dazu sei aus dem Kreis der Fans und namhaften Kollegen gekommen, erklärt Steimle. Er habe sich schließlich überzeugen lassen und den Schritt gewagt. Heute zählt sein Kanal über 130.000 Abonnenten. Der Kabarettist hat ihn nach seiner alten MDR-Sendung benannt: „Steimles Welt". Er freue sich, dass es losgehe, dass es weitergehe, sagte er im ersten Ankündigungsvideo vor gut drei Jahren. Seitdem sind zahlreiche knapp halbstündige Sendungen eines Satireformats erschienen, das den Titel „Steimles Aktuelle Kamera" trägt. Anfangs wurde sie alle vierzehn Tage ausgestrahlt, mittlerweile zeichnet der Dresdner Kabarettist sie wöchentlich auf. Der Name der Show spielt auf die zentrale Nachrichtensendung des DDR-Fernsehens an, in der gesellschaftspolitische Ereignisse stark ideologisiert aus der Perspektive des SED-Regimes dargestellt wurden. Es handelte sich mehr um Propaganda als um echte journalistische Berichterstattung. So wurden etwa die Produktionsleistungen in Industrie und Landwirtschaft beschönigt und die Tagungen des Zentralkomitees oder Auszeichnungsverleihungen geradezu glorifiziert, während in der internationalen Berichterstattung Ereignisse keine Erwähnung fanden, wenn sie der Staatsräson widersprachen.

Nach diesem Muster nimmt sich auch Steimle in seiner „Aktuellen Kamera" des Weltgeschehens an, baut jedoch Gags und humoristische Kommentare ein, um es ironisch oder sarkastisch zu brechen. Die meiste Zeit sitzt er entspannt in einem Sessel und spricht direkt zu den Zuschauern, während ab und an Ausschnitte aus Interviews, Nachrichtensendungen, Pressekonferenzen und Talkshows eingeblendet werden. Steimle geht auf alles ein, was in der aktuellen Woche brisant war. Er entlarvt die Heuchelei führender Regierungspolitiker, manipulative Meinungslenkungen der „Leitmedien" und die Widersprüche in den offiziellen Narrativen. Anders als das DDR-Original bemüht sich Steimles „Aktuelle Kamera" nicht, die Darstellung politisch-gesellschafter Ereignisse zu ideologisieren, sondern demaskiert im satirischen Modus die links-grüne Ideologisierung des Diskurses, die alle sozialen Institutionen durchdringt. Dazwischen streut er gelegentlich auch Ausschnitte aus eigenen Auftritten in früheren Jahren. Altes wird mit Neuem vermischt, oftmals mit Bezügen zur DDR-Zeit, die veranschaulichen sollen, wie sich die Verhältnisse damals und heute angeglichen haben. Um diesen Subtext auf die Spitze zu treiben, schlüpft Steimle häufig in die Rolle Erich Honeckers. Als ehemaliger Generalsekretär des SED-Zentralkomitees gibt er dann Phrasen von sich, die sich anhören, als kämen sie aus den Mündern regierender Ampel-Politiker.

Dass der Kabarettist den Schritt ins Ungewisse gewagt und im alternativen Bereich seine Arbeit fortgesetzt hat, ist auch das Verdienst von Kollegen, die Steimle ermutigten, nicht aufzugeben. Sein Comeback feierte er aber nicht mit der „Aktuellen Kamera", sondern mit einer Sendung, die konzeptionell an seine vorherige MDR-Reihe anschloss: „Steimles Neue Welt". Seit dem Start vor etwas mehr als zwei Jahren wird alle sechs Monate eine Folge ausgestrahlt. Wie einst fährt der Kabarettist durch die Bundesrepublik und spricht mit zufällig ausgewählten Menschen, um zu erfahren, was sie bewegt.

Wer sich die Folgen seiner neuen Formate anschaut, begegnet einem entspannten Uwe Steimle. Der mediale Druck scheint verflogen. Er fühle sich nun frei, sagte er in einem Interview mit apolut[3]: „Die Tätigkeit in den alternativen Medien gibt mir Mut, Zuversicht, Elan und Gelassenheit. Ich bin in die Freiheit verstoßen worden und liebe die Verantwortung, mir selbst angehören zu dürfen." Uwe Steimle ist der lebende Beweis, dass sich für kritische Künstler mit Rückgrat jenseits des Mainstreams Chancen auftun.

3 https://apolut.net/kabarettist-uwe-steimle-frueher-war-ich-eine-person-des-zeitgeschehens-heute-eine-persona-non-grata/

2. Lisa Fitz – vom SWR zu den Nach-DenkSeiten

So entspannt wie Steimle wirkt auch seine Kollegin Lisa Fitz. In einem eleganten Kleid und mit überkreuzten Beinen sitzt sie auf einem weißen Sessel, hinter dem in großen Lettern ihr Name auf einem Transparent prangt. Gleich daneben ist ein riesiges Porträtfoto der Kabarettistin zu sehen. Die Kulisse ist in kräftiges Blau getaucht und gibt schnell zu erkennen, dass der Auftritt nicht auf einer großen Fernsehbühne aufgenommen wurde. Lisa Fitz lächelt gelassen. Man sieht ihr an, wie wohl sie sich in ihrer neuen Situation fühlt. Es ist November 2023, fast zwei Jahre nach ihrer ersten Sendung bei dem alternativen Medium NachDenkSeiten, wo Fitz seit ihrem Rückzug aus der SWR-Sendung „Spätschicht" ihre Kabaretteinlagen darbietet. Die Auftritte dauern meist um die zehn Minuten, mal länger, mal kürzer. In diesem Video spricht sie über die schweigende Mehrheit: „Immer mehr Menschen resignieren kopfschüttelnd und wollen nicht mal mehr wählen. Ich versteh' das auch. Seit drei bis vier Jahren wird systematisch jeder, der anders denkt, diskreditiert. So was hab ich in meinem ganzen Kabarettleben noch nie erlebt: dass jede Meinung, die vom offiziellen Narrativ abweicht, gedisst und wegdiskriminiert wird. DDR lässt grüßen."

Lias Fitz spricht dabei auch von sich selbst. Jahrzehntelang trat sie im öffentlich-rechtlichen Fernsehen auf und wurde für ihre bissige Satire gefeiert. Doch dann kamen Zeiten, in denen jeder gesellschaftliche Bereich mit steigendem Tempo politisiert wurde. Plötzlich gehörte es zum guten Ton, „Haltung zu zeigen". Wer öffentlich in Erscheinung trat, musste irgendwie signalisieren, dass er auf der richtigen Seite stand. Welche Seite das war, gab das politisch-mediale Establishment vor – nicht nur in Talkshows und einschlägigen

Nachrichtenblättern, sondern vor allem in den Sozialen Medien. Bis zur Corona-Krise gelang es Fitz noch, mit ihren Gags im Bereich der zulässigen Meinung zu bleiben. Als sie aber anfing, in ihren Fernsehauftritten die Corona-Maßnahmen und deren Protagonisten durch den Kakao zu ziehen, nahmen sich die medialen Karrierekiller auch ihrer an, ebenso perfide wie zuvor bei Steimle.

Zunächst wurden Fitz' Seitenhiebe mit Argwohn beobachtet. Im Spätherbst 2021 musste jedoch gehandelt werden, weil die Kabarettistin ein Thema aufgegriffen hatte, das zu dem Zeitpunkt geradezu sakrosankt war: die Corona-Impfung. Jede Kritik daran galt als Fake News. Jede Abweichung vom offiziellen Narrativ zog Sanktionen nach sich. Informationsvideos wurden von sämtlichen Plattformen gelöscht, wenn der Tenor nicht in die gewünschte Richtung ging. Wer als Mediziner auf Nebenwirkungen und Gefahren der Behandlung aufmerksam machte, musste sogar Haus- und Praxisdurchsuchungen über sich ergehen lassen. Die Stimmung war so aufgeheizt, dass ein einziges falsches Wort in die Katastrophe führen konnte. Entsprechend nervös war das politisch-mediale Establishment. In seinem Feldzug gegen Abweichler schien es zu vergessen, dass ein Kabarettauftritt kein wissenschaftlicher Vortrag ist, sondern eine Kunstform, bei der Fakten bewusst überspitzt werden.

Diese Art der Ungenauigkeit machte man Lisa Fitz zum Vorwurf, nachdem sie sich in einer „Spätschicht"-Sendung zu den Folgen der Impfungen geäußert hatte. An dem Präparat von Biontech/Pfizer seien bis zu diesem Zeitpunkt fünftausend Menschen gestorben, sagte sie und machte dabei den „Fehler", nicht von Verdachts-, sondern von Todesfällen zu sprechen. Für die Meinungswächter war das unverzeihlich. Sie polterten los, als ob es sich um eine Dissertation handelte, die falsche Zitate enthielt. Während Staatssatiriker wie Jan Böhmermann, Oliver Welke und Florian Schroeder zur gleichen Zeit unter Beifall über „Corona-Leugner" oder „Impfgegner" herziehen und problemlos Tatsachen verdrehen durften, musste Fitz einen heftigen Shitstorm erdulden, der nicht abflachte, nachdem sie ihre Aussagen öffentlich relativiert hatte. Der SWR ließ sich von der negativen Berichterstattung mitreißen und entfernte ihren Auftritt aus seiner Mediathek. Das war der Moment, als Fitz beschloss, die Reißlinie zu ziehen. Sie gab öffentlich das Ende der Zusammenarbeit bekannt und signalisierte damit, dass sie nicht geneigt war, sich zu verbiegen.

Das zeigte auch ihr erster Auftritt auf den NachDenkSeiten zwei Monate später. Fitz präsentierte das umstrittene und depublizierte Stück in neuer Bearbeitung und ging mit sachten Seitenhieben auf die Reaktionen der Empörungsmanger im Medienbetrieb ein: „Und für fünftausend Menschen war dieses angeblich ... ich sag jetzt extra angeblich ... ganz groß ANGEBLICH ... zu spät. Da besteht nämlich der Verdacht, dass die Folgen durch die Covid-19-Impfstoffe tödlich waren. Und viertausendzweihundert davon bei Pfizer. VERDACHT", wiederholt Fitz in diesem Video bewusst demonstrativ, um die sensiblen Wahrheitswächter vermeintlich nicht zu erzürnen, tatsächlich aber bloßzustellen und sie aufzufordern, sich statt der Wortklauberei endlich mit dem Inhalt zu beschäftigen: „Kann aber dazu bitte mal irgendwer Stellung nehmen? Ich meine, seriös Stellung ... Es wäre doch nett. Nein, man ignoriert und banalisiert, bagatellisiert und prügelt auf die Ungeimpften ein."

Fitz erinnert an die Lobgesänge der Politiker auf die mRNA-Impfung, um anschließend darauf zu verweisen, dass zu dem Zeitpunkt sehr viele doppelt Geimpfte auf den Intensivstationen lagen – vierzig Prozent laut ARD-Politmagazin „Monitor", wie die Kabarettistin betont. Ein augenzwinkernder Seitenhieb auf die Leute, die zuvor ihren SWR-Beitrag mit dem Rotstift auf „unseriöse Quellen" und „falsche Fakten" durchsucht hatten. Die pointierteste Anspielung hebt sich Fitz bis zum Schluss auf: „Und ich frage mich ganz bayrisch: Warum reißen Politiker immer so präpotent das Maul auf? Mit Aussagen, die sie später nicht wenigstens mit Anstand mal revidieren? Müssen das nur Kabarettisten, den Gang nach Canossa gehen? Und bei den Politikern ist es wurscht ... haben gegen alles Immunität?"

Lisa Fitz' Kabarett lebt nicht von elaborierten humoristischen Einlagen, weder von Imitationen noch von Parodien und auch nicht von schauspielerischen Elementen. Was ihre Auftritte auszeichnet, ist die pointierte Kritik an öffentlichen Ereignissen. Fitz geht direkt ans Eingemachte: Widersprüche im Herrschaftsdiskurs, die Doppelmoral der Mächtigen. Dabei bedient sie sich der bekannten Fakten so, dass daraus ein Spiel mit dem Wissen der Zuschauer entsteht. Diese Kunst wird leider nicht mehr allgemein verstanden, weil die zunehmende Ideologisierung die Denkleistung drosselt. Wer die herrschende Meinung übernimmt, versinkt zunehmend in Bequemlichkeit – und ist echtem Kabarett nicht mehr zugänglich.

Das gilt nicht nur für die Zuschauer, sondern auch für die heutigen Mainstream-Kabarettisten, die sich dem Konformitätsdruck beugen. Schon deshalb ist Lisa Fitz in oder vielmehr neben dem heutigen Betrieb eine erfrischende Alternative. Sie gehöre zu den „wenigen verbliebenen Kabarettistinnen, die sagen, was ist, und sich an den üblichen Kampagnen der Meinungsmache nicht beteiligen", begründeten die NachDenkSeiten ihre Zusammenarbeit mit der bayrischen Künstlerin. In ihren Beiträgen für das alternative Medium greift sie alle nur denkbaren brisanten Themen auf und an: die vorgetäuschte Gedächtnisschwäche heutiger Regierungspolitiker, den Denunziationseifer willfähriger Journalisten, auch die Diffamierungsmasche, Andersdenkende als „rechts" zu brandmarken. Sie karikiert das verbale Kriegsgetrommel westlicher Staaten und persifliert die Debatte rund um das Energiegesetz der Ampel-Koalition. Sie hinterfragt gesellschaftliche Entwicklungen und zeigt andere Perspektiven auf, sie stellt Fragen und streut bisweilen eine Prise Klaus Kinski in ihre Gags. Man hat den Eindruck, dass Fitz heute mehr wagt als damals beim SWR. Der Druck der Sprachregeln scheint abgefallen zu sein. Wer sich ihre Beiträge für die NachDenkSeiten anschaut, erkennt sofort, dass die Kabarettistin im alternativen Bereich das wiedergefunden hat, was im Rampenlicht des öffentlich-rechtlichen Rundfunks nicht mehr existiert: Kunstfreiheit.

3. Ludger K., Uli Masuth, Martin Großmann – drei Alternativen zu regierungstreuen Staatskabarettisten

Während Lisa Fitz bei den NachDenkSeiten untergekommen ist, hat Ludger K. eine eigene Sendung bei dem Online-Radio Kontrafunk bekommen: eine Talkshow, in der der Kabarettist sich jeden Mittwoch mit mal mehr, mal weniger Gästen unterhält. Ursprünglich sollte „Ludgers Welt" eine reine Kabarett-Sendung werden. Aber die Grenzen des Machbaren zeigten sich, noch bevor das Format starten konnte. „Für so etwas wären mehrere Gagschreiber notwendig gewesen", erklärt der Künstler aus Essen. So funktioniert das im Fernsehen, wo hinter jeder Sendung ein riesiges Team an Mitarbeitern steht. In der alternativen Medienbranche sind die Ressourcen jedoch knapp bemessen. Ludger K. entschied sich daher für eine Mischform. Zu Beginn präsentiert er fünf Minuten lang Kabarett, greift aktuelle Ereignisse auf und dreht sie satirisch durch den Fleischwolf. Die restliche Zeit ist dem Gespräch gewidmet, wobei der Künstler auch hier den einen oder anderen Gag einstreut.

Ludger K. versteht sein Handwerk. Er ist kein Newcomer, sondern steht bereits seit zwanzig Jahren auf der Bühne. Dort fühlt sich der Kabarettist am wohlsten. Bei Fernsehauftritten herrsche eine andere Dynamik, weil das Publikum in die Ausstrahlung einbezogen werde, sagt er: „Es verhält sich dann anders, weil die Gäste wissen, dass die Kamera sich jederzeit auf sie richten kann." Ludger K. kennt das aus der Zeit, als er noch gelegentlich bei SWR und 3Sat im Nachtprogramm auftrat. Es waren Sendungen, die unter dem Radar liefen. Nicht anders erging es ihm mit seinen Bühnenauftritten, die oft in Varietés stattfanden. Dann aber wurde er mit dem Programm „Orwell war ein Optimist" bundesweit bekannt, vor allem in Kreisen der Maßnahmenkritiker. Das lag nicht nur daran, dass er die Corona-Politik öffentlich als autoritär bezeichnete und sich weigerte, unter 2G-Bedingungen aufzutreten. Für Begeisterung sorgte vor allem der Inhalt: Die Ereignisse rund um Corona wurden explizit und schonungslos verarbeitetet, ohne an einer einzigen Stelle auf das seichte Terrain des Boulevardesken auszuweichen.

In „Orwell war ein Optimist“ zeigte Ludger K. Paradoxien und Widersprüche, mediale Übertreibungen und fehlende Richtigstellungen auf. Er filterte Absurditäten heraus, um sie humoristisch aufzuarbeiten. Diese Methode klingt im Titel an: George Orwells Roman „1984“ gilt wegen der erschreckenden Darstellung von schauderhaften Gesellschaftsprozessen als Klassiker der düsteren Dystopie. Vergleicht man das Buch mit der heutigen Realität, erweist sich seine Vision jedoch als fast schon optimistisch, weil die gesellschaftspolitische Wirklichkeit viel schlimmer erscheint. Ludger K. hat das unter anderem am Beispiel der Impfung vor Augen geführt. In der Öffentlichkeit wurde sie verniedlichend als „Pieks“ verkauft. „Mit dieser Logik“, sagt der Kabarettist, „kannst du auch jemandem eine volle Knarre an die Schläfe halten und sagen: So, jetzt macht's einmal Peng.“ Der Gag bringt die Methode auf den Punkt, mit der Politiker und Medien die Aufmerksamkeit vom Wesentlichen auf irrelevante Details lenken, um die Öffentlichkeit von einer Agenda zu überzeugen.

Dass Ludger K. zu einer veritablen Alternative zu den Staatssatirikern avancierte, wirkt ein wenig paradox, weil er sich als klassischer Kabarettist versteht, der traditionell gegen die Obrigkeit austeilt, statt nach unten zu treten. Ludger K. vergleicht sich selbst mit einem TÜV-Prüfer: „Dieser guckt, wo es Mängel gibt. Er muss sie nicht reparieren. Das ist nicht sein Job. Er weist lediglich darauf hin, was verändert werden muss.“ Das gleiche mache er auf der Bühne, indem er im satirischen Modus die Missstände in der Gesellschaft benennt. Seine Aufgabe sei es aber nicht, Applaus für Politiker zu fordern, wie das die Kollegen aus dem medialen Mainstream tun. „Wenn sie die Oberen toll finden, dann müssen sie sich etwas einfallen lassen", sagt er. „Es gibt genügend Möglichkeiten, sich selbst mit Leuten humoristisch auseinandersetzen, die man mag. Das Absurde kann man immer finden, auch bei ihnen." Was sich jedoch verbiete, seien Tritte nach unten: „Die Menschenwürde absprechen, das geht im Kabarett überhaupt nicht." Deshalb greife er auch nicht jede sich bietende Pointe auf: „Manchmal muss man sie liegen lassen, so groß die Versuchung auch sein mag." Ein Beispiel ist Bundesgesundheitsminister Karl Lauterbach. Mittlerweile hat so gut wie jeder Kabarettist eine Parodie des SPD-Politikers im Programm. „Jetzt, wo keine Konsequenzen mehr drohen, wie noch in der Corona-Zeit, ziehen ihn plötzlich alle durch den Kakao", stellt Ludger K. fest. Seiner Meinung nach ist es jetzt zu leicht, über Lauterbach Witze zu machen. Deshalb hat er sich entschlossen, ihn komplett zu ignorieren. Dieser Mann sei es einfach nicht wert.

Ebenso unterlässt es der Kabarettist, jeden Versprecher von Annalena Baerbock zu verwerten. Ihm gehe es nicht darum, jemanden bloßzustellen, sondern Widersprüchlichkeiten zu entlarven, betont er. Oft ist dafür nicht viel Aufwand erforderlich. Ein roter Faden seiner Auftritte besteht darin, Nachrichten eins zu eins vorzutragen, „weil man sie satirisch nicht überhöhen kann." Dazu zählten etwa die Meldung, der Formel-1-Pilot Sebastian Vettel rate dazu, im Sinne des Klimaschutzes aufs Autofahren zu verzichten, und der Hinweis, dass eine Beratung für Hörgeschädigte nur noch telefonisch stattfinde. „Das kann man als Kabarettist nicht toppen", sagt Ludger K. „Es geht einfach nicht."

Meistens handelt es sich bei diesen Alltagsschätzen um Meldungen, die unter dem Radar der allgemeinen Aufmerksamkeit laufen. Ludger K. verwendet sie gerne in seinen Jahresrückblicken, mit denen er ebenfalls auf Tour geht. Den Fokus legt der Kabarettist gerne auf den Dezember, weil die Ereignisse in diesem Monat in anderen Shows oft noch nicht verarbeitet werden. Aus diesen Jahresrückblicken filtert er Gags heraus, die zeitlos sind, baut sie in sein neues Hauptprogramm ein und integriert bei jedem Auftritt aktuelle Ereignisse, sodass Altes und Neues immer wieder kunstvoll vermischt werden. Was sein Kabarett von den Staatssatirikern unterscheidet, ist der Verzicht auf Klischeepointen. Seine Gags zeugen von enormer Angriffslust, und das findet großen Zuspruch.

Heute spielt er auf Kleinkunstbühnen meist vor wenigen hundert Leuten. „Früher waren es mehr. Aber die Menschen kamen primär wegen des Varietés. Heute kommen sie allein meinetwegen, um allein meine Show zu sehen." Deswegen fühlt er sich in seiner Rolle als Kabarettist außerhalb des Mainstreams wohl – trotz gelegentlicher Cancel-Culture-Versuche und Anfeindungen. „Klar vermisse auch ich so manche Sachen aus der alten Normalität", sagt er. „Aber dafür habe ich heute schönere Auftritte und mache interessante Erfahrungen."

Ähnliche Erfahrungen hat in den letzten Jahren sein Kollege Uli Masuth gemacht. Der Kabarettist aus Weimar gehört zu den wenigen mutigen Vertretern seiner Zunft, die heiße Themen anfassen, ohne der Regierung nach dem Mund zu reden. Als die Corona-Krise begann, verarbeitete er die einschneidenden Ereignisse rund um die Maßnahmenpolitik in diversen Gags und Sketchen. Weil Auftritte zu jenem Zeitpunkt untersagt waren, erschienen sie als kurze Videos auf YouTube. Weite Verbreitung fand vor allem Masuths Persiflage auf den Werbeclip „Besondere Helden", mit dem die Bundesregierung im Winter 2020 die Bevölkerung dazu bringen wollte, zu Hause zu bleiben und Kontakte zu vermeiden. Faulenzen wurde als heroischer Akt gepriesen. Das Video zeigte einen Opa, der in ferner Zukunft wieder mal vom Krieg erzählt – vom Krieg gegen das Virus: Er habe feiern wollen wie alle Menschen, aber „das Schicksal hatte andere Pläne mit uns". Manipulativ und durchschaubar geht es weiter: „Also fassten wir alle unseren Mut zusammen und taten, was von uns erwartet wurde – das einzig Richtige: Wir taten – nichts, absolut gar nichts, waren faul wie die Waschbären." Die Couch sei damals die Front gewesen, die Geduld ihre Waffe.

Diese Geschichte hat Uli Masuth satirisch umgedreht und sie an die 2021 ausgerollte Impfkampagne angepasst. Die Zusammenhänge hinter den offiziellen Narrativen könne man auch aus einer anderen Perspektive betrachten, lautete die Message. In dem Video gibt sich der Kabarettist als Assistenzarzt aus, der erzählt, im Winter 2021 habe er nicht viel zu tun gehabt. Die Patienten seien aus Angst vor dem SARS-CoV-2-Virus zu Hause geblieben. „Auf der Station waren wir faul wie die Waschbären", zitiert Masuth als Onkologe den Clip der Bundesregierung. Es sei eine schöne Zeit gewesen. Er hätte lange so weiterarbeiten können. Doch, ach, das Schicksal, wäre da nicht das Schicksal. Mit der Impfkampagne sei auch die Chance gekommen, als Impfarzt jede Menge Kohle zu scheffeln. „Also fassten wir alle unseren Mut zusammen und taten, was von uns erwartet wurde – das einzig Richtige: Wir meldeten uns freiwillig für den Kampfeinsatz im Impfzentrum und wurden fleißig wie die Bienen." Damit tat der Kabarettist das, was sein Job ist: Er verspottete die Regierung für ihre Propaganda und zog deren Werbeclip ins Lächerliche. Die Zuschauer waren auf humorvolle Weise angeregt, darüber nachzudenken, ob sich hinter der medial gestützten Impfkampagne nicht auch wirtschaftliche Interessen verbargen.

Nach diesem Muster nahm sich Masuth vieler kontroverser Ereignisse während der Corona-Zeit an und verarbeitete sie in seinem Programm „Lügen und andere Wahrheiten". Premiere feierte es erst im Frühjahr 2022, als Künstler wieder auftreten durften. Der Kabarettist geht damit bis heute auf Tour und schlägt thematisch einen Bogen von dem herbeigeschriebenen Expertentum und der Impfagenda über die Doppelmoral der Grünen bis hin zum Ukrainekrieg und den Protesten der Landwirte, an denen sich auch andere Berufsgruppen beteiligen. Aufgegriffen wird alles, „was mir unter den Nägeln brennt", sagt er. Wie für seinesgleichen üblich aktualisiert Masuth das Programm ständig, der Stil bleibt jedoch der gleiche: leise, aber pointiert formulierte Worte, die Gags mit intellektuellem Scharfsinn mischen und nicht zu belehren versuchen, sondern

Fragen aufwerfen. Ruhige Klaviereinlagen unterstreichen Masuths Worte mit dramatischem Effekt, vor allem wenn es um ernste Themen geht. Auf das Publikum wirkt das besinnlich. Er habe deswegen durchweg positives Feedback bekommen, sagt der Kabarettist: „Die Klavierklänge machen etwas mit den Menschen." Sie wirkten wie ein Ruhepol, auch auf ihn.

Masuths Anspruch ist, seine Zuschauer mit der Erkenntnis nach Hause zu schicken, dass man ein Thema aus unterschiedlichen Blickwinkeln betrachten kann. „Wenn sie sagen: So habe ich das aber noch nicht gesehen", sei sein Anliegen erfüllt, Perspektiven aufzuzeigen. Satire bietet für ihn die besten Möglichkeiten, dies zu erreichen. „Der heutigen Zeit ist nur noch mit Humor beizukommen", sagt der Kabarettist. „Wenn Wissenschaftler nüchtern Fakten vortragen, schalten viele Menschen ab. Aufmerksamkeit erreicht man, wenn Humor ins Spiel kommt."

Gegen Ende der Amtszeit von Angela Merkel versuchte Masuth mit einem weiteren Kurzvideo, die Zuschauer zum Nachdenken über die Sinnhaftigkeit der Corona-Politik zu bringen: mit einer Rede, die er für die Bundeskanzlerin geschrieben, die sie aber leider nie gehalten habe, weil er – so die einleitende Pointe – vergessen habe, sie abzuschicken. „Liebe Mitbürgerinnen und Mitbürger", trägt Masuth dann vor, „wie Sie wahrscheinlich alle wissen, haben wir es in diesen Tagen mit einer neuen Variante des Corona-Virus zu tun: SARS-CoV2. Ein Virus, das vielen Menschen Angst macht. Und darum bin ich hier, meine lieben Mitbürgerinnen und Mitbürger, um Sie zu beruhigen. Zunächst ein paar Fakten, die wir alle kennen sollten: Corona-Viren sind seit sechzig Jahren bekannt. Corona-Viren kommen in jeder Wintersaison in einem Mix aus Influenzaviren, Rhinoviren, Adenoviren und zweihundert anderen Viren vor. Corona-Viren sind also grundsätzlich nichts Neues. Neu ist lediglich diese Variante." Es folgt ein kleiner Exkurs in Virologie und Epidemiologie mit dem Fazit, dass kein Grund zur Sorge bestehe. Angeraten sei lediglich, das eigene Immunsystem zu stärken. Mit gesundem

Essen, viel Bewegung an der frischen Luft und wenig Stress dürfte das gelingen.

Solche Videos riefen die Vollstrecker der Cancel Culture auf den Plan, besonders gerne Journalisten kleiner Regionalblätter, die Veranstalter kontaktierten und Masuth anschwärzten. Einige seiner Auftritte wurden nach solchen Verleumdungskampagnen abgesagt. Der Kabarettist bleibt jedoch standhaft und gibt nicht der Versuchung nach, wie die Staatssatiriker lieber nach unten zu treten und dafür medialen Applaus zu ernten. Er könne gar nicht anders, selbst wenn der Druck noch so hoch sei, sagt Masuth. „Ich muss auf die Missstände hinweisen, die mich bewegen." Bevor ihm vorgeschrieben werde, zu welchen Themen er sich als Kabarettist äußern dürfe, höre er lieber ganz auf. Mit dieser Haltung hat Masuth wie Ludger K. viele Fans gewonnen. Trotz Diffamierung und Cancel Culture erlebt er schöne Momente, zum Beispiel wenn sich Bürgerinitiativen gründen, um seine Auftritte trotz Absagen und Verboten zu ermöglichen.

In der Kleinkunst ist mittlerweile ein Kulturkampf entstanden, der viele Opfer fordert. Zu ihnen gehören Veranstalter wie auch Betreiber von Spielstätten. Die zunehmend aggressive Stimmung verstärkt ihre Vorsicht und die Angst, falsche Entscheidungen zu treffen. Wer kritische, von der Mainstreampresse verfemte Künstler einlädt, muss sich auf Gesinnungsprüfungen und Schmähartikel gefasst machen. Die gleichen Sanktionen drohen, wenn ein Künstler auf der Bühne thematisch ausschert. Die Gefahr der Verleumdung wartet hinter jedem Vorhang. Deshalb ziehen nicht wenige Betreiber von Kleinkunstbühnen es vor, ihre Pforten zu schließen. Andere prüfen jeden Künstler auf Herz und Nieren, um ja keine Kontaktschuld auf sich zu laden. Diese Entwicklung bestätigt Martin Großmann, ein weiterer kompromissloser Kabarettist, der an traditionellen Prinzipien seiner Kunstgattung beharrlich festhält. „Wir waren früher Verschwörungsbeobachter, wir mussten hinter den Vorhang schauen", beschreibt er seinen Beruf. „Heut' werden wir als Verschwörungstheoretiker bezeichnet."

Der Künstler aus Passau steht seit über dreißig Jahren auf der Bühne. Er ist in zahlreichen deutschen und österreichischen Städten aufgetreten, hat sechs Programme entwickelt und viele Menschen kennengelernt. In dieser Zeit erlebte er hautnah, wie sich die Branche und ihre Mechanismen veränderten. Eine Zäsur stellte auch für ihn die Corona-Politik dar. Dass Künstler wie er von einem Tag auf den anderen ein Berufsverbot hinnehmen mussten, stieß in der Branche größtenteils auf Schweigen. Offenbar hatten seine Kollegen genauso wenig Lust, auf die drakonischen Maßnahmen zu reagieren, wie die Veranstalter. Das verwundert ihn bis heute. Großmann hat diese Zeit zwar verdaut, wie er sagt. Unter den alten Bedingungen kann er aber nicht mehr auftreten, sondern sucht sich die Kleinkunstbühnen unter dem Gesichtspunkt aus, ob dort eine gewisse Bereitschaft vorhanden ist, sich mit Kritik und abweichenden Standpunkten auseinanderzusetzen.

Mit seinem neuen Programm „Fast wie im falschen Leben" macht er durchaus die Erfahrung, dass Zuschauer an einem breiteren Meinungsspektrum interessiert sind. Der immer enger werdende Korridor scheint das Bedürfnis zu steigern, daraus auszubrechen. Dem kommt Großmann entgegen, egal um welches aktuelle Großthema es geht: Corona-Politik, Klimahysterie, Aufrüstungswahn. Was Großmann von Kollegen wie Masuth, Steimle und Ludger K. unterscheidet, ist die schauspielerische Umsetzung: Er verkleidet sich, schlüpft in unterschiedliche Rollen und bringt anhand seiner Figuren soziale Missstände zum Vorschein. Reizvoll an dieser Herangehensweise findet er vor allem, dass sich so eine ganze Bandbreite von Gefühlen ausdrücken lässt. „Ich führe die Leute in die Geschichte ein und erzähle die verschiedenen Schicksale dieser Welt", sagt Großmann. „Die Stücke gleichen einer Tragikomödie. Sie sind zum Lachen, aber auch zum Stillwerden." Sein Kabarett steht in der Tradition von Dieter Hildebrandt, Georg Schramm und Josef Hader, die das Genre in den 1980er-Jahren mit schauspielerischen Darstellungen um neue Elemente bereicherten.

In Großmanns aktuellem Programm gibt es Figuren wie den hypermoralischen Klimakleber und den unmoralischen Kapitalanleger, der nach der aufgebauschten Corona-Krise Aktien großer Pharmakonzerne verkauft und sein Geld stattdessen in die Rüstungsindustrie investiert. Passend zu den Protesten der Landwirte tritt Großmann auch als Bauer auf und schimpft wie ein Rohrspatz auf die Politik und deren Vertreter, weil sie seinem Stand zunehmend die wirtschaftliche Grundlage nehmen. Großmanns Bauer weiß sich indes zu helfen und streicht staatliche Subventionen ein, indem er ukrainische Flüchtlinge in seinem Stall unterbringt. Der Klimakleber wiederum zeigt keine Reue, dass ein Rettungswagen seinetwegen nicht durchkommt. Ein Menschenleben zählt für ihn wenig, schließlich handelt es sich bei den Hilfebedürftigen ohnehin um CO2-Schleudern. In Großmanns Satiren steckt oft eine gehörige Portion schwarzer Humor, zudem hat er ein Gespür für das Absurde in der Argumentation offizieller Narrative, zeigt deren Widersprüche auf und entlarvt die Doppelmoral heutiger Meinungsmacher.

Anhand seiner Figuren erzählt Großmann jeweils kurze Geschichten. Zwischendurch liest er aus eigenen Texten vor, gibt einen Einblick in sein Familienleben und erzählt anekdotenhaft, wie sich sein soziales Umfeld unter den politischen Umständen der letzten Jahre verändert hat. Es geht auch um philosophische und spirituelle Themen, aber die Satire überwiegt. „Für uns Kabarettisten ist es Therapie, wenn wir die Ereignisse mit Humor verarbeiten", sagt er. „Dann ist es auch nicht mehr so schwer, sie zu ertragen – und für die Zuschauer auch nicht."

4. Franz Esser – Musikkabarett im eigenen YouTube-Kanal

Was Großmann über die Entwicklung der Kleinkunst sagt, kann sein Kollege Franz Esser bestätigen. Der Münchner Kabarettist trat vor der Corona-Krise dreißig Jahre lang mit einem vierköpfigen Ensemble auf. Mit der Einführung der Maßnahmen im März 2020 nahm seine Karriere dann eine Wende. Die Veränderungen vollzogen sich auf verschiedenen Ebenen. Zunächst zerbrach Essers Ensemble an unterschiedlichen Meinungen zur Corona-Politik: Die Kollegen waren dafür, Esser kritisierte die Maßnahmen vehement. Was ihm besonders missfiel, waren die Zwangsverordnungen von oben, der zunehmend autoritäre Regierungsstil und der steigende Konformitätsdruck in allen sozialen Bereichen. Esser brauchte eine Weile, um die „Neue Normalität" zu verarbeiten, nicht nur mental, sondern auch künstlerisch. Ein neues Soloprogramm war eigentlich bereits fertig, nun aber fehlten neben den einstigen Gefährten auch die früheren Strukturen und Vertriebswege. „Die in den 1970er-Jahren entstandene Kleinkunst ist so gut wie weg", sagt er vier Jahre nach Beginn der Corona-Maßnahmen.

Den Betreibern steckt die verordnete finanzielle Durststrecke noch immer in den Knochen. Im Zeitalter der Cancel Culture bringen kabarettistische Aufführungen zudem ein unternehmerisches Risiko mit sich. Ist der Inhalt zu kritisch, drohen schlechte Presse und Anfeindungen. Geben die Künstler hingegen die herrschende Meinung wieder, bleiben die Gäste aus. Niemand will regierungskonformes Kabarett sehen, zumindest nicht in der Kleinkunstszene, die Franz Esser kennt. Weil sich für ihn hier keine Chancen mehr auftun, hat er seine Kunst ins Internet verlagert und wagte im Sommer 2022 auf YouTube einen Neustart. Und zwar auch inhaltlich:

Sein Kabarett ist jetzt politisch. Früher, mit seinem Ensemble, ging es nicht um ernste Themen, sondern „eher um Spaß an der Freude". Heute produziert er kurze satirische Videos, die aktuelle Ereignisse und die sozialen Zustände im Land kritisch widerspiegeln.

Formal versteht sich Esser nach wie vor als Musikkabarettist, seine Auftritte bieten eine Mischung aus Performance, Gedichten und Liedern. Ein Stilmittel seiner neuen Stücke ist die Anpassung teils bekannter Songs an aktuelle Ereignisse: Er textet sie um, verschiebt die Bedeutung der Titel, spielt mit Wörtern. Dazu durchforstet Esser die Archive und stellt fest, „dass einige teilweise schon hundert Jahre alte Texte geradezu prophetisch wirken". Das fasziniere ihn nicht nur, sondern löse auch Assoziationen aus. So entstehen eigene Lieder, mit denen der Kabarettist „das Publikum an seiner Verblüffung teilhaben lässt".

Ein gutes Beispiel ist „Der liebe Gott is' b'schäftigt", eine wienerische Variation von Tom Waits' „God's Away On Business" mit satirischem Bezug zur heutigen Zeit, in der an Gottes Stelle unfähige Politiker die Welt lenken: „Mia hab'n die besten Leit ang'stellt / Kriminelle, Lügner und Mörder", heißt es in Anspielung auf den Cum-Ex-Skandal des Bundeskanzlers Olaf Scholz. Was solche Steuerleute bewirken, bringt eine andere Zeile so metaphorisch wie alarmierend auf den Punkt: „Das Schiff geht unter / Das Schiff geht unter / Das Schiff geht unter."

Ähnlich ging Esser bei dem Stück „Mei Körper der Benz" vor. Das Original stammt von dem englischen Popduo Godley & Creme und heißt „My Body, My Car". Der Kabarettist erkannte in dem Song ein Gleichnis auf den heutigen Umgang mit dem eigenen Körper: „Infolge der Corona-Krise ist die Vorstellung entstanden, er könne wie ein Wagen einfach in die Werkstatt gefahren werden. Man bekommt ein Medikament, und dann fährt man weiter."

Dass seine Stücke auch in umgekehrter Richtung entstehen können, zeigt „Speed of Science". Auslöser für die Assoziationen war die Befragung der Pfizer-Mitarbeiterin Janine Small im EU-Parlament.

Dort wollte ein Abgeordneter wissen, ob der Pharmakonzern die mRNA-Wirkstoffe auf die Verhinderung von Ansteckung getestet hatte, bevor er sie auf den Markt brachte. Natürlich nicht, lautete Smalls Antwort. Schließlich habe man mit der „Geschwindigkeit der Wissenschaft" arbeiten müssen. „Speed of science" war der englische Wortlaut. Das erinnerte Esser an den Klassiker „The Sound of Silence" des US-amerikanischen Duos Simon & Garfunkel. Zu deren Originalmelodie dichtete der Kabarettist einen Text, der nicht nur das heutige Wissenschaftsverständnis karikiert, sondern auch die Abhängigkeit der Forschung von millionenschweren Geldgebern:

> *Wissenschaft, du altes Haus*
> *Ich kotz mich heut mal bei dir aus*
> *Was ist nur aus dir geworden*
> *Wissensfernen, dummen Horden*
> *Machst wie eine Ostblocknutte du die Beine breit*
> *Es ist so weit*
> *All in the speed of science*
> *Seit Galileo war schon klar*
> *Wer bei dir Herr im Hause war*
> *Wer dich bezahlt hat, konnt dich haben*
> *Wie ein kleiner Stricherknabe*
> *Gingst du mit jedem Freier mit*
> *Mit flottem Schritt*
> *All in the speed of science*

In seinen musikkabarettistischen Videos spielt Esser mit Split-Screen-Technik und Slapstick-Elementen. Gelegentlich schlüpft er in Rollen, etwa in dem Stück „Franz Esser ist TOTAL VERRÜCKT geworden": Da sitzt er mit durchnässtem T-Shirt in der Badewanne und mimt eine Figur, die angesichts der Zustände im Land den Verstand verliert. Der Verlust geistiger Kräfte drückt sich in der Mimik aus, in den aufgerissenen Augen und schelmischen Grimassen. Lautäußerungen verstärken den Effekt, ebenso wie der Sprechgesang zum pumpenden

Rhythmus: „Ihr klebt an Museen und Straßen euch fest / Und fliegt gleich danach nach Bali und knallt euch lachend an den Strand." Nach der Doppelmoral der sogenannten Klimakleber, greift Esser die Identitätspolitik rund um die Transsexualität auf: „Ihr lötet den Kindern die Löcher zu / Oder bohrt ihnen ein neues / Ganz wie es euch beliebt / Und nennt das Wissenschaft / Ha-Haaa!!"

Das Video sei ein Vehikel gewesen, um den alltäglichen Wahnsinn darzustellen, erklärt Esser. „Was hier passiert, kann man mit Vernunft gar nicht beschreiben." Der Kabarettist erläutert diesen Eindruck unter anderem am Beispiel der „Speed of science"-Aussage. Früher hätten die Leitmedien nach derartig skandalösen Enthüllungen Druck auf die Verantwortlichen ausgeübt, so Esser. Es wäre zu Rücktritten, Anklagen und weiteren Recherchen gekommen. „Heute werden solche Skandale einfach weggewischt. Konsequenzen sind nicht zu befürchten."

Für seine gesangliche Darstellung des „Irren" hat der Kabarettist auf ein Original des 2023 verstorbenen Psychoanalytikers Jerrold Laurence Samuels zurückgegriffen. Dieser veröffentlichte 1966 unter dem Pseudonym Napoleon XIV eine Platte mit lauter verrückten Liedern, von denen „They're Coming to Take Me Away, Ha-Haaa!" zu einem Hit wurde. Einige Elemente aus dem Song finden sich in Essers Variation wieder, wobei der Kabarettist sie nicht nur sprachlich, sondern auch szenisch übersetzt.

Das Spiel mit Zitaten zieht sich durch sein ganzes Werk. Gelegentlich sind es Filme, auf die er Bezug nimmt. Das Stück „Hitze-Pandemie" etwa rekurriert auf Tim Burtons Science-Fiction-Komödie „Mars Attacks!", wo eine Gruppe von Marsmenschen die Erde überfällt und den Humor zu einer grausamen Waffe macht. Diesen Eindruck hatte auch Esser, als er von Karl Lauterbachs „Hitzeschutzplan" hörte: „Wir hatten den Mann unterschätzt", schreibt der Kabarettist unter seinem Video. „Wir dachten, er hätte sich mit seinen Viren, seiner Schoki und seinem Rotwein zurückgezogen, aber er wäre kein Premium-Minister, wenn er nicht aus etwas Altbekanntem etwas

Neues basteln könnte – Chapeau!"

Wie Tim Burton in „Mars Attacks!" hat Esser in diesem Stück tief in die Country-Kiste gegriffen, um den satirischen Text passend zu untermalen. Und der hält einige Höhepunkte bereit:

> *Jetzt heißt's: Alte Panik raus, neue Panik rein*
> *Nach dem Virus schießt sich Karlchen jetzt aufs böse Klima ein*
> *Wenn's draußen zu heiß wird, so spricht das Genie*
> *Dann gibt's jetzt Klima-Lockdown und ne Hitze-Pandemie*
> *Dann gibt's jetzt Klima-Lockdown und ne Hitze-Pandemie*
> *Mein Gott, Karl, was soll'n wir mit dir machen*
> *Mein Gott, Karl, da kann man nur noch drüber lachen*
> *Mancher lernt's spät, aber du wohl nie*
> *Also noch mal zum Mitschreiben:*
> *Das Ding heißt Sommer und nicht Hitze-Pandemie*
> *Das Ding heißt Sommer und nicht Hitze-Pandemie*

In „Hitze-Pandemie" finden sich alle Elemente, die Essers Musikkabarett ausmachen. Es ist zeitaktuell, voller popkultureller Verweise und vor allem bissig.

5. Nikolai Binner – zwischen Kabarett und Stand-up-Comedy

Die bislang vorgestellten Künstler decken in ihrem Metier alles ab, was das Kabarett zu bieten hat: schauspielerische Szenen, Parodien und Musik. Wesentliches Merkmal dieses Genres ist jedoch die Auseinandersetzung mit gesellschaftlichen, politischen und kulturellen Themen. Kabarett spielt mit dem Wissen der Zuschauer, es will sie nicht nur zum Lachen, sondern auch zum Nachdenken bringen. Darin besteht der Unterschied zur Stand-up-Comedy. Diese Spielart der humorvollen Unterhaltung widmet sich eher profanen Themen. Die auftretenden Künstler schildern Alltagssituationen, in denen sie in Konflikt mit sich selbst oder mit der Umwelt geraten. Dadurch entstehen Möglichkeiten der Identifikation. Die Wirkung der Gags basiert weniger darauf, dass die Zuschauer zum Nachdenken angeregt werden, als dass sie sich darin selbst erkennen.

Diese Art der Komik praktiziert der Berliner Nikolai Binner, ein ebenfalls unangepasster Künstler, der im Gegensatz zu sehr vielen deutschen Stand-up-Comedians nicht den Mainstream-Vorgaben, sondern seinen eigenen Grundsätzen folgt. Humor darf keine ideologischen Grenzen haben, lautet das Motto. Binner provoziert gerne, indem er unter anderem Gags einbaut, die dem Zeitgeist gemäß als „politisch unkorrekt" gelten. Er teilt nach rechts und nach links aus – und besonders gerne nach oben. Deutlich wurde das im Verlauf der Corona-Krise, als der Comedian gewissermaßen ins Fach des Kabaretts wechselte. Während der Großteil seiner Kollegen schwieg, verarbeitete er die gesellschaftlichen Missstände in Folge der Maßnahmenpolitik auf humorvolle Art. Da Auftritte damals untersagt waren, fing auch Binner an, in regelmäßigen Abständen kurze YouTube-Videos zu produzieren. Zur Sprache kamen in den Clips

Themen wie Polizeigewalt, indirekter Impfzwang, mediale Manipulation und Medienhetze gegen Regierungskritiker. Der Comedian scheute nicht davor zurück, die neue „Bedrohungskategorie" der sogenannten „verfassungsschutzrelevanten Delegitimierung des Staates" zum Anlass für Kritik am Aufbau autoritärer Strukturen zu nehmen.

Eine satirische Grundierung erhielt auch das neue Phänomen des „Faktenchecks". In einem seiner Videos entlarvt Binner diese Methode als Herrschaftsinstrument. Portale wie „Correctiv" oder „Volksverpetzer" geben vor, Fake News argumentativ zu entkräften, betreiben aber in Wirklichkeit ideologische Propaganda, indem sie mit allerlei Tricks offizielle Narrative in den Vordergrund rücken. Dabei geht es mehr um die Diskreditierung Andersdenkender als um eine rationale Auseinandersetzung mit tatsächlichen und vermeintlichen Fakten. In seinem Video zu diesem Thema sagt Binner, die Methode bestehe darin, Fakten mit „Nichtwissen" zu widerlegen. Der nachfolgende Gag veranschaulicht dieses Prinzip: Das sei ungefähr so, „wie wenn dein Kumpel dir schreibt: Dortmund hat gegen Bayern gewonnen, und du schreibst zurück: falsch! Fakten: Ich hab das Spiel nicht gesehen."

In dieser Art Komik dominiert der kabarettistische Ansatz. Binner thematisiert gesellschaftspolitische Missstände, indem er sie ad absurdum führt. Er übertreibt und polemisiert, verspottet diejenigen, die Definitionsmacht ausüben und sich im Dunstkreis der Obrigkeit bewegen. Die Gags tendieren eher dazu, im Publikum einen Reflexionsprozess auszulösen, als ihm eine Identifikationsfläche zu bieten. Es soll darüber nachdenken, was in der Gesellschaft schiefläuft, statt sich mit eigenen, ganz persönlichen Neurosen auseinanderzusetzen.

Vor der Corona-Krise spielte Politik in Binners Programmen eine untergeordnete Rolle. Er versteht sich eher als ein Vertreter der sogenannten „Observational Comedy", wo es um gewöhnliche Ereignisse geht, die kaum wahrgenommen oder selten diskutiert werden.

Als dann aber im Frühjahr 2020 das Maßnahmenregime begann, verspürte der Künstler das Bedürfnis, seine Jokes politisch aufzuladen. Dazu habe ihn vor allem die asymmetrische Auseinandersetzung mit den damals drängenden Themen veranlasst, erklärt Binner. Er musste seine Stimme erheben, weil nur auf diejenigen eingedroschen wurde, die nicht auf Regierungslinie waren. Viele seiner Kollegen beteiligten sich daran, aber anders als sie wollte er nicht den „treuen Staatskasper" spielen.

Heute macht Binner wieder mehr Stand-up-Comedy als Kabarett. Allerdings bleibt er weiterhin unangepasst und lässt sich nicht vorschreiben, über wen und was er witzeln darf oder soll. Diese Geradlinigkeit zeigte sich schon in der Zeit, als Auftritte nur unter 2G oder 3G erlaubt waren. Binner wollte unter diesen Bedingungen nicht spielen. Dabei müsste er als Stand-up-Comedian eigentlich fast täglich auftreten, um in Form zu bleiben. In seinem Genre ist weitaus mehr Spontaneität gefragt als im Kabarett. Die Künstler interagieren häufiger mit dem Publikum, greifen beispielsweise Zwischenrufe auf oder stellen einzelnen Gästen direkte Fragen, um blitzschnell mit einem Gag zu reagieren. Situationskomik dieser Art erfordert Souveränität und Erfahrung. Wer das Handwerk meisterhaft beherrschen will, muss dauernd üben, ständig auf der Bühne stehen und sich der Herausforderung stellen.

Für Binner ist es jedoch schwerer geworden, im Training zu bleiben. Seit er sich in seinen kurzen Videos als unangepasster und zeitkritischer Künstler positioniert hat, werden ihm Steine in den Weg gelegt. Zunächst sperrten ihn bekannte Formate wie „Night-Wash" und „Comedy Club". Dann trennte sich auch seine Agentur von ihm. Wenn er Veranstaltungsräume für Auftritte mietete, sorgten regierungskonforme Aktivisten dafür, dass Betreiber die Verträge kurzfristig kündigten.

Den Gegenwind spürt Binner noch heute. Wenn er auf sogenannten Open-Mic-Veranstaltungen auftreten will, um Jokes zu testen, hagelt es Absagen. Nicht selten sind es andere Comedians, die mit ihm nicht auf der gleichen Bühne stehen wollen und die Veranstalter unter Druck setzen. Wie alle unbequemen Künstler wird er in die rechte Ecke geschoben oder mit den üblichen Etiketten versehen. Die Aufforderung, sich zu distanzieren, gehört mittlerweile zum Berufsalltag. Binner sieht aber keinen Grund, diesem Imperativ Folge zu leisten: Warum sollte er sich von etwas distanzieren, was andere ihm zugeschrieben haben, fragt er rhetorisch in einer kurzen YouTube-Dokumentation über ihn, in der er erklärt, wie absurd und perfide diese Strategie ist, wie viel sie über die Mentalität im Land aussagt. Immer häufiger macht er die Erfahrung, dass Publikum und Veranstalter wenig Probleme mit seinem Programm haben, wenn er auf Open-Mic-Veranstaltungen auftritt, wo alle Comedians ihre Jokes in englischer Sprache vortragen. Obwohl der Inhalt unverändert bleibt, stört sich dort niemand daran. Es liegt also wohl weniger an ihm als am Publikum, dass seine Comedy im deutschen Mainstream auf so viel Gegenwind stößt.

Binner denkt gar nicht daran, seinen Stil zu ändern und sich anzupassen. Er ist überzeugt, dass Comedy zur gesellschaftlichen Veränderung beitragen kann. Wo die Cancel Culture die Grenzen des Sagbaren verengt, kann kritischer Humor sie überschreiten und damit wieder erweitern. „Wenn ich als Künstler die Wahrheit im satirischen Modus ausspreche, merken andere, dass sie nicht alleine sind", sagt er. Mit dieser Haltung hat Binner viele neue Fans und Unterstützer gewonnen. Seit den Corona-kritischen YouTube-Videos hat sich sein Bekanntheitsgrad deutlich erhöht. Wenn er Veranstaltungen selbst organisiert, sind sie oft ausverkauft. Wer sie besucht, bekommt ein alternatives Programm zum Mainstream – mit vielen Zwischentönen, enthemmten Jokes und anarchischen Einlagen. So wie es früher mal selbstverständlich war.

II. Musik

In den 70er- und 80er-Jahren galt Marius Müller-Westernhagen als musikalischer Rebell und Vorbild einer ganzen Generation. Mit seinen Liedern identifizierten sich auch viele, die gesellschaftliche Veränderungen anstrebten. Als die Mauer fiel, präsentierte er mit „Freiheit“ eine Art Hymne der Wiedervereinigung. In den knapp dreißig Jahren danach sah es für viele tatsächlich so aus, als herrschten in der Bundesrepublik und in der ganzen westlichen Welt liberale Verhältnisse. Doch dann kam die Corona-Politik – und mit ihr die Einschränkung der Freiheit. Westernhagens Song war aktueller denn je. Allerdings spielte ihn nun nicht mehr der Künstler selbst, sondern die Maßnahmenkritiker – und nicht mehr als Hymne, sondern als Protestsong. Auf den bundesweiten Demonstrationen erklang er immer und immer wieder, in der Hoffnung, nicht nur die regierende Politik zu erreichen, sondern auch den Urheber. Der aber schwieg, lange und beharrlich. Erst relativ spät während der Impfkampagne meldete sich Westernhagen mit einem Social-Media-Post zu Wort: Auf einem Foto, wie er eine Spritze bekam. Darunter stand nur ein Wort: „Freiheit“.

Der Post zeigte unmissverständlich, dass sich in den Jahren seit der Wiedervereinigung vieles grundlegend verändert hatte. Das war also sein neues Verständnis von Freiheit – nicht mehr unveräußerliches Menschenrecht, sondern ein Privileg, eine Gnade, die durch die Hinnahme eines Eingriffs in die körperliche Unversehrtheit erworben werden musste, selbst wenn man der Impfung skeptisch gegenüberstand. Regierungsfromme Leitmedien jubelten, Westernhagen habe sich damit die Deutungshoheit über seinen Song von den „Corona-Leugnern“ zurückgeholt. Im Grunde aber hatte er dessen Inhalt verdreht, und viele Menschen waren enttäuscht – nicht nur von ihm, sondern von fast allen Stars und Musikern, über alle Genres hinweg, ob Hip-Hop oder Pop, Rock, Punk oder Schlager. Die große Mehrheit schwieg, um bloß nicht zur Zielscheibe medialer Diffamierungen zu werden. Wie diese aussahen und sich auswirkten, konnte man am Umgang mit den wenigen mutigen Musikern wie Michael

Wendler und Xavier Naidoo beobachten. Mit böswilligen Schmähartikeln beschädigten willfährige Mainstreammedien nicht nur ihren Ruf, sondern erzeugten eine derart angespannte gesellschaftliche Stimmung, dass sich Vertragspartner von den Künstlern trennen mussten, um nicht selbst ins Radwerk der Diffamierungsmaschinerie zu geraten. Selbst Nena, die lediglich einen Post von Xavier Naidoo mit einem Herzchen quittiert hatte, wurde sofort mit den gängigen Kampfbegriffen zur verfemten Person erklärt.

Öffentliche Vernichtungen dieser Art schrecken ab. Da lebt es sich schon leichter, wenn man mit dem Strom schwimmt oder beim Eindreschen auf Andersdenkende gleich mitmacht. Viele, zu viele große Namen wählten diesen bequemen Weg. Herbert Grönemeyer, Sarah Connor, Peter Maffay, Campino, Bushido, Die Ärzte, Kool Savas, Roland Kaiser, BAP – die Liste ist lang. Sie alle ließen sich nicht nur für die zahlreichen Propagandakampagnen der Bundesregierung einspannen, sondern teilten öffentlich gegen Maßnahmenkritiker aus, beschimpften sie als „Verschwörungstheoretiker" und „Corona-Leugner", sprachen ihnen sogar die Freiheitsrechte ab.

Der Großteil der Musikbranche ist gezähmt und unterworfen vom Establishment und dem Wunsch, weiter dazuzugehören. Von etablierten Stars ist ein Aufbegehren gegen autoritäre Tendenzen nicht zu erwarten. An ihre Stelle sind viele unbekannte, dafür aber beherzte Musiker getreten. Sie waren es auch, die anders als Westernhagen schon zu Beginn der Freiheitseinschränkungen ihre musikalische Stimme erhoben. Und die wurde umso lauter, je weiter sich die Protestwelle ausdehnte.

1. Hip-Hop – zurück zum Protestrap

Die erste große Massendemonstration gegen die Corona-Politik am 1. August 2020 in Berlin löste eine gewaltige Euphorie aus, auch bei SchwrzVyce. Heute ist der Frankfurter Rapper eine bekannte Größe in der außerparlamentarischen Opposition. Damals, an jenem brütend heißen Tag im Hochsommer der Freiheitseinschränkungen, betrat er die Bühne indes noch als Newcomer. Auf der berühmten Straße des 17. Juni hatten sich hunderttausende Menschen versammelt, um nach einem freudetaumelnden Umzug durch die Berliner Innenstadt den Redebeiträgen prominenter Maßnahmenkritiker zu lauschen. Zwischendurch sollten mehrere Künstler auftreten; acht musikalische Acts standen auf dem Programm. Fast allen blieb der Auftritt versagt, nur SchwrzVyce bekam die einmalige Gelegenheit, vor einem aufgeheizten Publikum seinen Song „Fake News Media" darzubieten. „Das ist doch gar nicht wahr / Das ist doch gar nicht wahr", erklang es aus den riesigen Boxen, die den Sound bis über das Brandenburger Tor trugen. „Die Lügen in diesem Staat / Schlucken wir jeden Tag / Doch jetzt seh ich es klar / Deine Propaganda / Bla bla bla bla bla / Fake News Media."

Mit diesen Zeilen sprach SchwrzVyce den Demonstrationsteilnehmern aus dem Herzen. In den Monaten davor hatten sie vielfach bemerkt, dass die mediale Panikmache rund um das Corona-Virus SARS-CoV-2 nicht mit ihrer Lebenswelt übereinstimmte und ihren alltäglichen Erfahrungen widersprach. Sie entdeckten Taschenspielertricks bei der Darstellung von Statistiken und Zahlen, nahmen die Zensur kritischer Stimmen wahr und ertappten die Medien beim Lügen – auch an diesem 1. August: Obwohl die Menschen an beiden Seiten der Bühne dicht gegrängt standen und sich die ersten Redebeiträge anhörten, war in den einschlägigen Nachrichtenblättern bereits Stunden davor zu lesen gewesen, die Polizei habe die Veranstaltung „aufgelöst". Eine bessere Steilvorlage konnte SchwrzVyce nicht bekommen. Sein „Fake News Media" wirkte wie ein Livekommentar, der direkt von der Bühne die aktuelle Propaganda entlarvte, bevor Polizeibeamte eingriffen und die Kundgebung tatsächlich beenden konnten.

Für SchwrzVyce war es der erste große Auftritt, und er machte ihn schlagartig zum Star einer alternativen Musikszene. „Fake News Media" traf den Nerv der Zeit. Der Song wurde zu einer Hymne des Protests, zur musikalischen Bestandsaufnahme dessen, was im Land schieflief. Damit knüpfte SchwrzVyce an die Tradition sozialkritischer Rapper an, die sich vor Corona noch nicht davor gescheut hatten, Missstände zu benennen – erinnert sei beispielsweise an Samy Deluxe und seinen Hit „Weck mich auf" von 2001, aus dem eine Grundunzufriedenheit mit den gesellschaftlichen und politischen Verhältnissen sprach. Der Rap ist wütend, rebellisch und widerständig; er klagt an und schlägt Alarm. Es geht um staatliche Verbote, korrupte Politiker und Meinungskonformismus. Im Grunde nimmt der Song das vorweg, wogegen die Menschen auf der Straße während der Corona-Zeit protestierten. Allein die Hook wirkt so zeitlos, dass sich sozialkritische Geister noch heute mit ihr identifizieren können:

> *Weck mich bitte auf aus diesem Albtraum*
> *Menschen seh'n vor lauter Bäumen den Wald kaum*
> *Man versucht uns ständig einzureden*
> *Dass es noch möglich wär, hier frei zu leben.*

Umso erstaunlicher war, dass gerade Samy Deluxe jetzt schwieg. Was er 2001 so eloquent und wortgewaltig beklagt hatte, erfuhr im Frühjahr 2020 eine gewaltige Steigerung. Die sozialen und politischen Missstände traten in überdimensionaler Form ans Licht. Aber Samy Deluxe äußerte kein kritisches Wort in Richtung Regierung und Medien, schrieb keinen nachdenklichen Song, reimte keine einzige Zeile. Und alle seine Kollegen taten es ihm gleich. Kein etablierter

Rapper wagte es, öffentlich gegen die Maßnahmenpolitik aufzubegehren, obwohl demokratische Prinzipien mit Füßen getreten wurden, so rigoros wie niemals zuvor. Dabei hat die Musik des Hop-Hop ihre Wurzeln ja gerade in der US-Protestkultur. In den 1980er Jahren wurde sie zum Sprachrohr der Afroamerikaner, die damit auf Rassendiskriminierung und politische Ungerechtigkeit aufmerksam machten. Für diese Art des Sprechgesangs hat sich der Begriff Consciousness-Rap etabliert. Consciousness wird im Deutschen mit Bewusstsein übersetzt. Den Rappern geht es also darum, bewusst zu machen, was schief läuft in der Gesellschaft. Genau das tat SchwrzVyce, als er zu Beginn der Corona-Krise „Fake News Media" schrieb und Songs wie „Morpheus", „Ära Bill Gates" und „Von Verbrechern regiert" folgen ließ, allesamt musikalische Stücke, in denen er sich ganz explizit mit der Maßnahmenpolitik und ihren Folgen befasste – vom Maskenzwang über die Einsamkeit im Lockdown bis hin zu staatlicher Bevormundung.

Obwohl SchwrzVyce zu jener Zeit als Repräsentant des sozialkritischen Hip-Hop im Mittelpunkt stand, blieb er nicht allein. Nach und nach traten immer mehr aufstrebende Rapper mit Songs hervor, die sich um die Maßnahmenpolitik und ihre Protagonisten drehten. Angesichts der drakonischen Freiheitsbeschränkungen fühlten sich sogar einstige Hobbymusiker veranlasst, ihre alten Bands wiederzubeleben. So entstanden nach Jahrzehnten der Untätigkeit veritable YouTube-Hits, die in sozialen Medien kräftig geteilt wurden. Für manchen fühlte sich das an wie eine Renaissance, eine Reise zurück in die Zeit ihrer Jugend, als Hip-Hop noch das Ausdrucksmittel für ihre Gefühle und Gedanken war. Nun nutzten sie es erneut, um ihrer Empörung über die Zustände musikalisch Luft zu machen.

Nach einer kurzen Zeit der allgemeinen Aufbruchsstimmung wandten sich viele dieser Newcomer und Hobbymusiker wieder ihrem bürgerlichen Beruf zu. Andere produzieren weiterhin einen kritischen Song nach dem anderen, sodass die Hip-Hopper heute die aktivste Gruppe innerhalb der alternativen Musikszene bilden.

Zu erwähnen ist vor allem das Kollektiv Rapbellions. Die einzelnen Mitglieder bringen regelmäßig Solo- oder gemeinsame Tracks mit verschiedenen Partnern heraus, schließen sich aber auch hin und wieder zusammen, um als Kollektiv zu arbeiten. Das erste Mal geschah das während der Impfkampagne 2021. Auch SchwrzVyce war damals dabei. „Ich mach da nicht mit" hieß das Debüt, an dem auch Soul-Star Xavier Naidoo mitwirkte. Der Song sorgte für große Aufmerksamkeit – sowohl in der außerparlamentarischen Opposition als auch im medialen Mainstream. Wegen seiner kritischen Auseinandersetzung mit den mRNA-Impfstoffen wurde er auf YouTube und allen relevanten Musik-Streaming-Portalen umgehend zensiert, während die Leitmedien ihn als Werk „verschwörungsideologischer" Rapper diffamierten. In der Folge wurde die Gruppe zwar kleiner, aber die Zahl gemeinsamer Songs stieg weiter an. In ihnen verarbeiten die Rapbellions ihre Zensurerfahrungen, kommentieren das Zeitgeschehen, thematisieren brisante Fälle politischer Verfolgung und verbreiten Hoffnung und Mut, so wie in dem Track „Es geht vorbei", der an die positiven Dinge im Leben erinnert.

Neben Rapbellions tritt der Rapper Skogan als fleißiger Produzent sozialkritischer Stücke in Erscheinung. Seit seinem Debüt „Auf für die Kinder" hat er zahlreiche Singles und ein Album veröffentlicht. Seine Songs behandeln verschiedene Teilaspekte der Krisenzeit und vermischen dabei scharfe Töne mit optimistischen Botschaften. Sein Erstling sprach die negativen Auswirkungen der Corona-Maßnahmen auf den Nachwuchs an; „Bitte" ruft dazu auf, die gesellschaftlichen Gräben zu überwinden. „Lobbys" rechnet mit der Korruption auf den höheren Ebenen der Entscheidungsfindung ab, während „Eure Stars" das Duckmäusertum prominenter Persönlichkeiten beklagt, die in der Krisenzeit trotz augenscheinlicher Ungerechtigkeit schwiegen.

Skogan gehört zu den Hip-Hoppern, die ihr Handwerk beim Battle-Rap gelernt haben. Seine scharfzüngigen Punchlines präsentiert er passgenau zum Takt, würzt sie mit kreativen Wortspielen und lässt sie schließlich explodieren, um die jeweiligen Pappkameraden verbal zu vernichten – Regierungspolitiker und Vertreter der Wirtschaftselite, Denunzianten, gewalttätige Polizisten, Opportunisten und manipulative Medienvertreter. Aus Skogans jüngsten Produktionen spricht eine tiefe Unzufriedenheit mit der Art und Weise, wie heutzutage Agenda-Setting betrieben wird – von oben und ideologisch verhärtet. Damit spricht der Rapper aus Sipplingen am Bodensee vielen Bürgern aus dem Herzen, Menschen aus der außerparlamentarischen Opposition, die eine Veränderung der Zustände fordern, deren Stimme aber kein Gehör findet.

Seine Wurzeln im Battle-Rap hat auch der in Hessen lebende Ukvali, ein Sprechgesangskünstler, der nach eigenen Worten ausschließlich „systemkritischen Hip-Hop" produziert – allerdings nicht erst seit der Corona-Krise. Angefangen hat er damit 2013, als sich sein Interesse zunehmend auf die Strukturen und Vorgänge hinter dem Vorhang richtete. In seinen Songs kritisiert er die diffusen Machtverhältnisse, indem er in expliziten Zeilen gegen unterschiedliche Elitenkreise austeilt. Im Zentrum steht dabei der Begriff „Neue Weltordnung". Ukvali versteht darunter ein globales System, das auf eine Zentralisierung politischer, ökonomischer und juristischer Strukturen zuläuft. Die Gefahr sieht er darin, dass die Souveränität der einzelnen Nationalstaaten genauso erodiert wie demokratische Prinzipien. Im sechsten Teil seiner „Killuminati"-Reihe beschäftigt er sich mit den Ursachen und Folgen der Corona-Politik, die für den Rapper kein Zufallsprodukt darstellt:

> *Yeah, siehst du, wie die Welt durch den Virus lahm liegt*
> *Alles gesteuert und geplant, blick durch die Matrix*
> *Sieh durch meine Augen, und du siehst die Tragik*
> *Schöne neue Welt – Killuminati*

Nach diesem Song schloss sich Ukvali den Rapbellions an, ebenso wie sein Kollege Phizzo. Beide verließen das Kollektiv jedoch wieder, um sich auf ihre Solokarrieren zu konzentrieren. Phizzo hatte bereits vorher mit sprachkreativen Tracks Bezug auf die Corona-Zeit genommen und forderte nach seinem Rapbellions-Rückzug unter anderem eine ernsthafte Aufarbeitung. Den größten Hit landete der Berliner mit dem Song „Plötzlich und unerwartet“, der in deutlichen Worten die Nebenwirkungen der mRNA-Vakzine beschreibt. Angesichts der teilweise tödlichen Folgen klagt Phizzo darin vor allem diejenigen an, die während der Impfkampagne massiven Druck auf die Bevölkerung ausübten. Sie müssen zur Rechenschaft gezogen werden, lautet die Message. „Plötzlich und unerwartet“ sprach aus, was viele Maßnahmenkritiker fühlten, weshalb sie den Song beim *NuoVision Songcontest 2023* zum Gewinner kürten. Knapp ein Jahr später präsentierte Phizzo sein zweites Album „Freigeist“, eine musikalisch breitere Auseinandersetzung mit den bereits gesetzten Themen: Medienpropaganda, Autoritarismus in der Politik, Elitenkontrolle, ideologische Indoktrination in der Schule.

Was Phizzo von seinen Kollegen aus dem alternativen Hip-Hop abhebt, sind die Videos zu seinen Singles – cineastische Kleinkunstwerke, in denen er etwa als Kosmonaut und als Clown aus dem Horrorklassiker „Es“ auftritt, auf sandigem Mondboden läuft und einen verkabelten Probanden beim Gedankenexperiment mimt. Hier und da tauchen Anzugträger auf, die als Geheimdienstagenten erkennbar werden. Teilweise tragen sie Fernsehbildschirme als Köpfe und spionieren mit dem Fernglas. Die Figuren werden zu Protagonisten von Handlungssträngen, die zwischen Archivaufnahmen und Rap-Einlagen für Spannung sorgen. In die Produktion dieser Videos fließt ein enormer Aufwand; sie liefern den Beweis, dass in der Musikszene der außerparlamentarischen Opposition großes künstlerisches Potential schlummert, das nur darauf wartet, entfesselt zu werden.

Kreativität dieser Art zieht Aufmerksamkeit auf sich. Sie macht Botschaften verdaulich und setzt effektvoll in Szene, was die Menschen in der außerparlamentarischen Opposition bewegt. Im Verlauf der Corona-Maßnahmen und der damit einhergehenden Freiheitseinschränkungen stellte sich beispielsweise mancher die Frage, ob und wann der vierte Absatz des Grundgesetzartikels 20 wirksam wurde: Gegen jeden, der es unternimmt, die verfassungsmäßige Ordnung zu beseitigen, „haben alle Deutschen das Recht zum Widerstand, wenn andere Abhilfe nicht möglich ist". Die beiden Rapper E1F und Illstar lieferten die Antwort mit einem hochpolitischen Album. In vierzehn Songs zeigen sie die einzelnen Zivilisationsbrüche auf, die Widerstand rechtfertigen. Dieser sei „Heilige Pflicht", wie der Titel des Albums zu verstehen gibt. Viele der Aussagen bleiben aktuell, insbesondere solche, die die heutige Debatte um „Kriegstüchtigkeit" vorwegnehmen: „Sie schüren den Krieg im Namen des Friedens", lautet eine markante Zeile.

Die außerparlamentarische Opposition der Gegenwart entstand mit der Maßnahmenpolitik, löste sich aber nicht auf, nachdem diese vorübergehend ausgesetzt worden war. Auf die Corona-Krise folgte der Ukrainekrieg, und in der öffentlichen Auseinandersetzung damit zeigten sich erneut die gleichen Muster. Die Regierungen westlicher Staaten präsentierten nur eine Sicht auf den Konflikt und dämonisierten alle, die eine andere Perspektive einnahmen. Die Leitmedien sekundierten: Mit Propagandanarrativen und Schmähartikeln verengten sie den Meinungskorridor und warben zugleich für Waffenlieferungen. Wer sich für Frieden und Diplomatie aussprach, wurde als „Putinversteher" beschimpft. Diese Vorgänge veranlassten einige Rapper dazu, in ihren Songs nun auch die Ereignisse rund um den Ukrainekonflikt zu verarbeiten: Lapaz und Bustek, zwei Mitglieder der Rapbellions, verurteilten die Kriegspolitik der Bundesregierung mit scharfen Worten. Ihr gemeinsames Stück „Gangsters Paradise Pt. II" beschreibt deren Lebenswelt als einen rechtsfreien Raum und nimmt Bezug auf einen Rap-Klassiker aus den 90ern. „Das Kabinett lebt in Gangsters Paradise", heißt es in der Hook. „Keine Konsequenzen trotz Verbrechen an der Menschlichkeit / Zeit, dass Millionen jetzt aufstehen / Wir haben nur zwei Optionen: Handeln oder draufgehen!" In dem Song wird nicht nur die Lieferung von Waffen kritisiert, sondern zudem davor gewarnt, Deutschland könnte bald auch Soldaten entsenden und der Konflikt sich zum Dritten Weltkrieg ausweiten. Der Eskalation stellen Bustek und Lapaz Diplomatie als einzige Lösung entgegen.

Für pazifistische Ziele setzt sich in seinen Songs auch der Wiener Rapper Kilez More ein, allerdings nicht erst seit Beginn des Ukrainekonflikts. Seine ersten Auftritte absolvierte er ab 2011 auf Occupy-Veranstaltungen und seit 2014 bei Mahnwachen für Frieden. Als Aktivist transportiert der 36-Jährige seine Forderungen über die Musik. Heute umfasst seine Diskografie drei Alben, fünf EPs, ein Mixtape und viele, viele Singles. Sie tragen Titel wie „Gedankenverbrecher" (als Gastrapper mit Ukvali), „Rapvolution" und „Game of Drones". Die Wortkreationen in den Titeln setzen sich in der sprachlichen Eloquenz und pointierten Aussagen in den Texten fort. Sie demaskieren einflussreiche Akteure und entlarven deren Geopolitik als imperialistische Schachzüge. Gerügt wird vor allem die Doppelmoral der Mächtigen und ihr Vabanquespiel auf internationalem Parkett, das kriegerische Auseinandersetzungen befeuert. Immer wieder weist der Rapper auf Ungerechtigkeit hin und entwirft Gegenkonzepte. In dem Song „Friedensbewegung" fordert er den „ersten Weltfrieden", in „Mediale Kugeln" ein Ende der „NATO-Presse", die auf „Friedenstauben" schießt.

Ein häufiger Auftrittspartner von Kilez More ist sein Wiener Rap-Kollege Äon. Auch der gebürtige Hesse stellt seine Musik in den Dienst pazifistischer Ziele, kombiniert jedoch Gesellschaftskritik mit Spiritualität und Philosophie. Seine Kunst beschreibt er als Songs für „Herz und Verstand". Sie sollen unterschiedliche Gesellschaftsgruppen zusammenbringen und Nächstenliebe verbreiten. Für Äon repräsentiert die Friedensbewegung ein spezielles Mind-Set, eine Grundhaltung, dominiert von dem Wunsch, Konflikte gewaltfrei zu lösen. Aus vielen Texten spricht der Wunsch, eine bessere Welt zu schaffen. Bisweilen schlägt er aber auch schärfere Töne an, etwa in dem Stück „Staatsfeind". Da setzt er sich mit einem Kampfbegriff auseinander, mit dem staatliche Behörden und Leitmedien gerne

Andersdenkende diskreditieren.

Im Laufe der Zeit sind neben Corona-Maßnahmen und Ukrainekrieg neue Themen hinzugekommen, die die Vertreter der alternativen Hip-Hop-Szene musikalisch verarbeiten. Ihre Songs richten sich gegen die Politik der rot-gelb-grünen Bundesregierung und deren negativen Folgen für breite Bevölkerungsteile. So etwa Rapbellions-Mitglied Lapaz mit „DAMW“: Das Akronym steht für „Die Ampel muss weg“, ein Statement, das immer mehr Menschen formulieren, die sich nicht mehr repräsentiert fühlen. Sie haben das Gefühl, dass Parlament und Bundesregierung seit Beginn der Legislaturperiode im Herbst 2021 gegen ihre Interessen handeln. Inflation, hohe Energiepreise, Kürzungen des Steuerausgleichs beim Agrardiesel – Arbeitnehmer, kleine Betriebe und Landwirte fürchten zunehmend um ihre berufliche Existenz; auch Rentnern bleibt kaum genug, um den Lebensunterhalt zu bestreiten. Während die Regierung ihnen weitere Lasten zumutet, unterstützt sie die Waffenindustrie im Zuge des Ukrainekriegs mit Finanzhilfen in Milliardenhöhe. Erhört werden die Geschröpften nicht, selbst wenn sie demonstrierend auf die Straße gehen. Ihre Nöte und Sorgen finden jedoch einen Widerhall in den Tracks der alternativen Rapper, die damit zu den Wurzeln des Hip-Hop zurückkehren. Dieser entstand laut dem Publizisten Jan Kage als „kulturelle Artikulation von Marginalisierten, welche im öffentlichen Raum, dem Raum des Diskurses, unterrepräsentiert waren“[4]. Damals waren das die Afroamerikaner in den USA, nun sind es im heutigen Deutschland alle, die von offiziellen Narrativen abweichen und dem Kurs der Bundesregierung nicht folgen. Die Rapper der alternativen Hip-Hop-Szene geben ihnen eine Stimme. Sie nutzen ihre Musik als Strategie der Gegenaufklärung, um einer unterprivilegierten Gruppe zu Einfluss und Repräsentanz zu verhelfen.

4 Jan Kage: American Rap.

2. Pop – gefühlvoll, reflektiert, ironisch

Während Hip-Hop seine Wurzeln in der Protestkultur hat, ist Popmusik nicht primär widerständig. Schon der Begriff assoziiert kommerzielle Popularität und Massengeschmack. Ralph Valneteano beschreibt Popmusik als „Melange aus allen möglichen Stilen". Sie bilde das größtmögliche Spektrum ab und enthalte Einflüsse aus verschiedenen Genres, von Funk, über Rock bis hin zum Jazz.

Der Wiesbadener Musiker muss es wissen. Er ist lange im Geschäft, hat in mehreren Bands gespielt, mit großen Stars wie Dominic Miller kooperiert und etliche Alben als Solokünstler produziert. Als Songschreiber, Multiinstrumentalist und Produzent mit leidenschaftlicher Neugier versucht er unterschiedlichste kulturelle Einflüsse zu vereinen. Mit achtzehn Jahren gewann er mit seiner damaligen Band *Wetterleuchten* den ersten Preis beim Bundesrockfestival. Zwei Jahre später erhielt er mit einer anderen Band einen Vertrag bei RCA Records.

Valenteano kann eingängige Songs schreiben, aber auch ironische und nachdenkliche, laute und gesellschaftskritische. „Diejenigen, die es innerhalb des Pop gut machen, bewegen sich nicht auf der Oberfläche, sondern verstehen es, Kommerzialität mit Anspruch zu verbinden", sagt er. Zum künstlerischen Anspruch kommt bei ihm der Widerstandsgeist, etwa in dem Song „Viel zu esoterisch", mit dem er in der außerparlamentarischen Opposition zur Corona-Politik schlagartig bekannt wurde, auch weil der Titel 2021 bei der allerersten Ausgabe der ESC-Alternative *NuoVision Songcontest* zum Sieger gekürt wurde. Valenteano zeigte darin musikalisches wie sprachliches Können, indem er ironische Zeilen mit einem funky Groove untermalte. Wortakrobatisch nahm er Bezug auf die Krise der Zeit, ohne in einen Empörungs- oder Angriffsmodus zu verfallen.

Im Mittelpunkt des Stücks stehen die Diffamierungskampagnen, mit denen gerade am Anfang der Corona-Krise Maßnahmenkritiker pauschal als „Verschwörungstheoretiker" und „Aluhutträger" abgekanzelt wurden: „Ich glaube an Atome / Energien und Axiome / Ich glaub an Inspirationen / keinen Bock auf Manipulationen / Ja, ich spreche auch mit Tieren / Und nee, ich leugne keine Viren." Valenteano greift hier herrschende Narrative auf und bricht sie ironisch. Als Repräsentant der medial Verfemten zeigt Valenteano diese auf eine Weise, die den offiziellen Erzählungen widerspricht.

Als die Corona-Krise abklang und in den Ukrainekrieg mündete, meldete sich Valenteano musikalisch wieder zu Wort, diesmal sanfter und mit dem Wunsch, Brücken zu bauen. „Was mein Herz nicht versteht" beruhte auf Stings Klassiker „Shape of My Heart", der die Macht von Liebe und Menschlichkeit beschwört und ausdrückt, was in der konfliktreichen Zeit der Gegenwart in den Vordergrund rücken muss. Er übersetzte das Lied ins Deutsche, allerdings nicht sprachlich, sondern emotional, arbeitete dabei mit Bildern, die die allgemeine Stimmung aus Hass und Ressentiments veranschaulichen. „Du wurdest gebor'n als Pfand der Liebe / Mit sorgvoller Hand behüteter Weg", singt Valenteano und äußert im Refrain seine Verwunderung und Irritation:

> *Ich weiß, dass das Leben*
> *Nur ein Spielen auf Zeit ist*
> *Dass alles, was kommt, auch wieder geht*
> *Doch dass die einen zerstören,*
> *Was die anderen lieben,*
> *Ist das, was mein Herz nicht versteht*
> *Ist das, was mein Herz nicht versteht.*

Die in dem Song aufgeworfene Frage, warum es im 21. Jahrhundert noch Kriege gibt, ist aber nicht nur auf den Ukrainekonflikt gemünzt, sondern bezieht sich auf die gesellschaftliche Gesamtsituation, die seit der Corona-Krise außer Kontrolle gerät.

Für Valenteano ist Musik ein Ventil, um seine Gefühle auszudrücken. Das Genre wählt er je nach Stimmung. In Popsongs wie „Was mein Herz nicht versteht" gibt er sich beherrscht und reflektiert, verarbeitet gesellschaftliche und politische Ereignisse sozusagen kontemplativ. Für ironische und sarkastische Kommentare setzt er eher auf Funk-Elemente. Wenn ihm mal die Hutschnur platzt, dann wird es ein energischer Rocksong – wie im Frühjahr 2024 „Lumpenpazifist": Da geht es um den despektierlichen Umgang mit allen, die sich in Zeiten eskalierender Kriege für Frieden und Diplomatie aussprechen. Das medial verbreitete Schimpfwort wertet Valenteano auf als Ausdruck für Menschen mit dem Herz am rechten Fleck.

2023 und 2024 hat Valenteano je drei Alben produziert, von denen jeweils zwei eines der drei genannten Genres abdecken: Pop, Funk und Rock. Wer sie hört, merkt schnell, dass in ihnen die Musik der 80er-Jahre weiterlebt, mit Vorbildern wie Peter Gabriel, Prince und Tears for Fears. Die alternative Musikszene musste in der Corona-Zeit einiges einstecken und verarbeiten. „Wir haben so viel Prügel bezogen, dass wir unsere Erfahrungen in Songs packen", sagt Valenteano.

Im Bereich Pop hat sich neben Valenteano vor allem die Gruppe Alien's Best Friend hervorgetan. Gesellschaftskritische Songs produzierte sie bereits vor der Corona-Krise. Als diese dann aber ausbrach, wurde ihre musikalische Stimme lauter und dringlicher. Gleich das erste Stück zu diesem Thema verbreitete sich wie ein Lauffeuer und avancierte wie SchwrzVyce' „Fake News Media" zur Hymne der neu entstandenen Protestbewegung. „Wir sind so viel mehr" war Kampfansage an die Mächtigen und motivierender Appell an die Maßnahmenkritiker zugleich. Der Song hielt dem damaligen Narrativ entgegen, dass es anders als verlautbart gar nicht so wenige waren, die die Manipulation rund um die vermeintlich lebensgefährliche Seuche durchschaut und das wahre, autoritäre Gesicht der Regierung erkannt hatten. Er artikulierte aber auch die Werte, für die Tausende Menschen auf die Straße zu gehen begannen:

> *Wir stehen für Wahrheit*
> *Und Freiheit*
> *Und Liebe, seht her*
> *Wir wollen leben und lieben*
> *Wir sind so viel mehr*

Dieses zur damaligen Lage so passende Lied trug Alien's Best Friend auf der zweiten großen Demonstration in Berlin am 29. August 2020 auf der Bühne live vor. Es sollte nicht der letzte Auftritt auf Protestveranstaltungen bleiben. Während die Grundrechtseinschränkungen unablässig verlängert wurden, produzierte die Band aus der Nähe von Koblenz immer weitere zeitkritische Songs. Sie alle zeichnen sich durch ungewöhnliche Akkorde, spacige Sounds und ultratiefe Basstöne aus. Gitarrist Chris ist verantwortlich für Komposition, Mastering und Arrangement, während Nathalie Gesang und Lyrics übernimmt. Die Texte enthalten oft scharfe Worte in Richtung der Macht. Sie klagen an und benennen Fehlentwicklungen, wollen aber auch Hoffnung und Kraft geben: der Protestbewegung und vor allem jenen, die an den staatlichen Repressionen besonders stark leiden. Zu jener Zeit zwischen Sommer 2020 und Frühjahr 2021 waren das nicht wenige. Niemand wusste damals, wie weit der Staat in den privaten Bereich eingreifen, wie weit er in seinem Verordnungseifer gehen würde, um Maßnahmenkritiker zum Schweigen zu bringen. Diese wurden drangsaliert, kriminalisiert und strafrechtlich verfolgt. Wer sich an Demonstrationen beteiligte, ging ein Risiko ein, weil die Polizei immer gewaltsamer vorging – auf Befehl von oben. Die aufgeladene Stimmung fing Alien's Best Friend in dem Lied „Wir stehen im Feuer" ein:

> *Man will uns alles nehmen*
> *Und uns unterwerfen*
> *Sie woll'n uns brechen, kontrollieren*
> *Tag für Tag*
> *Ich hoffe sehr,*

Sie werden zahl'n für ihre Lügen
Irgendwann. Irgendwann.
Wir stehen im Feuer
Doch wir verbrennen nicht
Der Sturm wird rauer (Feuer! Feuer! Feuer!)
Doch wir steh'n aufrecht

Die Lieder aus dieser ersten Phase der Corona-Krise wollen zum selbstbestimmten Denken anregen und das Zusammengehörigkeitsgefühl stärken. Das Lied „Gekommen, um zu bleiben" spiegelt die damalige Euphorie der Protestbewegung in kämpferischen Zeilen wider: „Der Tiger hat keine Zähne / Und fürchtet doch unsere Pläne / Die Zeit ist reif / Und wir stehen auf in großer Zahl."

Menschlichkeit, Standhaftigkeit und Freiheit – humanistische Ideale, die Alien's Best Friend hochhält beziehungsweise von der Regierung einfordert, auch jenseits der Corona-Maßnahmen. Als nach Beginn des Ukrainekriegs Politik und Medien lauthals Waffenlieferungen forderten und Stimmung gegen alles Russische machten, beklagte das Duo die erneute Unmenschlichkeit in „Nicht ganz dicht". Hier dominiert nicht mehr der Optimismus früherer Songs, sondern die Wut über zivilisatorische Abgründe und wiederholte Muster der Diskriminierung, die sich nun nicht gegen Maßnahmenkritiker und Ungeimpfte richtete, sondern gegen Russen und Russlanddeutsche. So eskalierend die Bundesregierung in dem entbrannten Konflikt zu agieren begann, so unverblümt wirft Alien's Best Friend ihr eine kranke Geisteshaltung vor: „Ihr wollt Krieg, weil ihr daran verdient, geht's noch? / Ihr wollt Kranke, weil ihr daran verdient, geht's noch? / Ihr wollt Arme, weil ihr daran verdient, geht's noch? / Ihr wollt Sklaven, weil ihr daran verdient, geht's noch?"

Die Wiederholungen korrespondieren mit einem Sound, der sich aus Electro-Sequenzen, zerhäckselten Samples und tiefgestimmten Gitarren zusammensetzt. Der Song kommt rockig daher und drückt textlich wie musikalisch die Fassungslosigkeit der Band aus.

Unverkennbar sind Parallelen zu Valenteano und seinem Ansatz, aktuelle Ereignisse je nach Stimmung in einem anderen Genre zu verarbeiten. Die emotionalen Motivations- und Durchhaltesongs von Alien's Best Friend sind überwiegend poppig grundiert; aber wenn die Empörung unerträglich wird, schlägt das Duo rockige Töne an. Für die ironische Auseinandersetzung mit dem gesellschaftspolitischen Geschehen hat die Band ein besonderes Format gewählt. Sie nennt es „Intermezzo des Tages": kurze Clips, in denen Chris und Nathalie jeweils ein bekanntes Lied herausgreifen und es so umdeuten, dass es auf die gegenwärtige Situation passt. Die Machart erinnert an Franz Essers musikkabarettistisch umgetextete Stücke. Wie sie enthalten auch die „Intermezzi" satirische Elemente, mit denen Debatten, politische Entscheidungen und mediale Narrative ad absurdum geführt werden. „99 Impftermine", eine Variation des Nena-Klassikers, karikiert etwa die Agenda rund um die Corona-Vakzine. Aus „Leise rieselt der Schnee" hat die Band „Leise stirbt die BRD" gemacht, aus „O du Fröhliche" „O du Törichte". In „Ein bisschen Gas muss sein" griff sie auf Roberto Blancos Schlager zurück, um Deutschlands desaströse Energiepolitik infolge des Ukrainekrieges zu persiflieren. Auf diese Weise werden Themen wie (Schein-)Demokratie, Wohlstandsverlust, Kriegspolitik und mediale Panikmache behandelt, immer mit einer Prise Satire, die den „Intermezzi" Biss verleiht.

Ironisch-sarkastische Töne schlägt auch Alex Olivari gerne an. Als die Corona-Krise begann, gab sich der Kölner Musiker noch sehr ernst. Wie Alien's Best Friend trat er schon recht früh mit einem Song hervor, der sich direkt auf die Stimmung im Land bezog und dazu aufrief, gegen die Grundrechtseinschränkungen aufzubegehren. „Deutschland, zeig dein Gesicht" passte als Titel zu einer Situation, in der bundesweit von Woche zu Woche mehr Menschen für Freiheitsrechte auf die Straßen gingen. Insgesamt stellten sie jedoch nur einen geringen Teil der Gesellschaft dar. Um die staatliche Bevormundung zu stoppen, musste die Protestbewegung wachsen. Für die nötige Motivation sorgte Olivari mit Zeilen wie diesen:

Deutschland, zeig dein Gesicht
Wach endlich auf
Kämpf für dein Recht
Lass deine Kinder wieder frei
Lass sie wieder singen
Spielen und schreien
Deutschland, zeig dein Gesicht
Fürchte dich nicht

Der Song fordert zum Handeln auf und macht Mut. Das taten auch Olivaris folgende Lieder, allerdings mit unterschiedlichem Akzent. Mal wurde die Kraft des Glaubens betont, mal wie wichtig es ist, für die eigenen Überzeugungen einzustehen. Später lieferte Olivari mit „Wir laufen für die Freiheit“ einen Motivationssong für die bundesweiten Montagsspaziergänge. Zwischendurch nahm er sich bestimmter Gesellschaftsgruppen an, die in seinen Augen während der Corona-Krise völlig versagt hatten. Diese Stücke weisen neben ernsten auch sarkastische Töne auf. In „Helden unserer Jugend“ hält er den Musikern und Intellektuellen der 68er-Generation den Spiegel vor. Inszenierten sich diese früher gerne als Systemkritiker, so erwiesen sich ihre einst kämpferischen Worte angesichts der Grundrechtseinschränkungen als Schall und Rauch:

Ihr habt gesagt, dass es weitergeht hinterm Horizont
Und dass über den Wolken die Freiheit wohnt
Und eines Tages, da kämen die Kinder an die Macht
Doch ich habe das Radio ausgemacht
Ihr Helden unserer Jugend
Wo habt ihr euch versteckt?
Habt ihr den Mächtigen da oben die Stiefel geleckt?
Habt ihr die Seiten gewechselt?
Oder wart ihr schon immer da?
Ihr Helden unserer Jugend
Ihr könnt uns alle mal

Olivari meint in diesem Song Musiker wie Marius Müller-Westernhagen und Philosophen wie Jürgen Habermas. In „Schwerstbegabt“ wendet er sich der jungen Generation von heute zu und kritisiert ihren oberflächlichen Lebensstil: Anstatt sich politisch zu engagieren und für Freiheitsrechte einzusetzen, zieht sie sich in den privaten Bereich zurück. Wenn sie die Öffentlichkeit sucht, dann zwecks Selbstinszenierung. Das und die blinde Orientierung am Kommerz wirft Olivari den heutigen Jugendlichen und Post-Adoleszenten vor: „Ihr seid ohne Frage schwerstbegabte Wohlstandskinder, Notstandsgutfinder / Klimafetischisten, Pornospezialisten, betreute Denker, Freiheitsabschenker.“

„Schwerstbegabt“ entstand in Zusammenarbeit mit dem Rapper SchwrzVyce, der einige deftige Zeilen beisteuerte. Ein weiteres Kooperationsprojekt mit satirischem Einschlag realisierte Olivari mit dem Popmusiker Enter Tainy: „Transformation“ setzt sich polemisch mit der „grünen“ Agenda auseinander, um zugleich demonstrativ lässig eine ablehnende Haltung zum Ausdruck zu bringen.

Mit Olivari und Enter Tainy haben sich zwei Popmusiker gefunden, die umso mehr Gefallen an satirischen Liedtexten fanden, je weiter sich die Verhältnisse in Deutschland verschlechterten. Enter Tainy hatte zu diesem Stilmittel schon recht früh gegriffen. Auch er produzierte seit Beginn der Corona-Politik einen Song nach dem anderen, fast immer mit Sarkasmus und Ironie, um auf die vielen Skurrilitäten der „Neuen Normalität“ aufmerksam zu machen. In „Neunundneunzig Prozent“ akzentuierte er die Unverhältnismäßigkeit der Maßnahmen angesichts der Überlebensrate, die selbst in der Hochphase der vermeintlichen Pandemie nach offiziellen Zahlen bei 99 Prozent lag. Bei solchen Werten, heißt es in dem Lied, „bleibe ich erst mal ganz locker und kacke mir nicht ins Hemd“.

Enter Tainy rät in so gut wie allen seinen Songs, den eigenen Verstand zu gebrauchen und die Situation mit Ruhe zu beurteilen. Anstatt in Panik zu verfallen, sollte man das Leben genießen, lautet das Motto. Solch erbauliche Botschaften präsentiert der Musiker aus

Kassel mit einer rauchigen Stimme, weniger singend als prosaisch, in einem Mix aus Lässigkeit und Qual. Seine Songs sind verspielt und wollen bei allem Ernst eine positive Stimmung verbreiten. Sie thematisieren skurrile gesellschaftliche Ereignisse, in denen sich die vielen Einzelkrisen der Gegenwart spiegeln. Ein Beispiel ist das Lied „One Love", das während der Fußballweltmeisterschaft 2022 in Katar entstand. Dort wollte die deutsche Nationalmannschaft mit einer „One Love"-Binde auflaufen, um auf diese Weise gegen die Diskriminierung der LGBTQ-Community im Gastgeberland zu protestieren. Am Ende knickte sie in der Auseinandersetzung mit den Scheichs und der FIFA ein. Eine Woche später wurde bekannt, dass Deutschland mit Katar einen einträglichen Gas-Deal abgeschlossen hatte. Zu dieser Heuchelei verwies Enter Tainy auf den Umgang des vermeintlichen Wertewestens mit dem inhaftierten Journalisten Julian Assange: „One Love – wir stehen zu unseren Werten / One Love – Julian Assange in allen Ehren" und etwas deutlicher: „All das Gekicke macht nicht mehr high / Die ganze Debatte nur Ablenkerei / Brot und Spiele, Netflix und Wein."

Die gleichen Ingredienzien finden sich in den Liedern des bayrischen Musikers Augustin. Der Sänger, Komponist und Produzent tritt gerne in der Rolle des „Hofnarren" auf und liebt es, in verschiedenen Genres seine Streiche zu spielen. Humor ist für ihn enorm wichtig, vor allem wenn es um künstlerischen Widerstand geht. „Wer lacht, hat keine Angst", begründet er diese Herangehensweise. 2021 erschien „Annalena", ein energisches Stück, das die damalige Kanzlerkandidatin der Grünen und spätere Außenministerin Deutschlands zur Protagonistin machte. Es spielt mit der Doppeldeutigkeit einer Zeile, die immerfort wiederholt wird: „Lass die Finger (da)von – Annalena": Einerseits soll Baerbock aufgrund der vielen Patzer und peinlichen Auftritte lieber die Finger von Staatsgeschäften lassen. Andererseits kann der Song aber auch als Verteidigung der grünen Politikerin verstanden werden: Kritiker sollten mit ihr nicht zu hart ins Gericht gehen – schließlich wird sie nur von mächtigen Akteuren benutzt und merkt womöglich gar nicht, wie und wofür.

Ähnlich schelmisch besang Augustin das politische Chaos in Österreich. Dort herrschten im Jahr 2022 quasi italienische Zustände. Ein Rücktritt folgte dem nächsten. Das inspirierte den bayrischen Musiker zu dem Lied „Jeder", das gleich zu Beginn die rochierende Politikerriege nennt, in einem Dialekt, der zwischen Alpenland-Slang und Wiener Underground oszilliert:

> *Ob Pamela, Beate oder die Karolein*
> *'s werd'n alle nur kurz*
> *90 Tschick lang*
> *Nur im Amte sein*
> *Oh yeah*

Wie in „Annalena" spielt Augustin hier mit einer Mehrdeutigkeit, die verschiedene Interpretationen zulässt. Der Titel „Jeder" rekurriert einerseits auf den Pop-Art-Künstler Andy Warhol, der angeblich gesagt haben soll, in der Zukunft werde jeder eine Viertelstunde lang berühmt sein. In Anbetracht der Situation in Österreich gilt das heute vor allem für Politiker, so die Anspielung des Songs, der andererseits eine juristische Deutung anbietet: Jeder Politiker, der gelogen und seine Macht missbraucht hat, wird zur Rechenschaft gezogen. Für Augustin sind solche Lieder ein Mittel, der Obrigkeit den Spiegel vorzuhalten und sie mit schwarzem Humor der Lächerlichkeit preiszugeben.

Vor diesen beiden Produktionen hatte der bayrische Musiker bereits Aufsehen erregt, als er im Winter 2020/21 den Song „Wir machen auf" veröffentlichte. Damals mussten Einzelhandel und Gastronomie wegen des zweiten Lockdowns mehrere Monate geschlossen bleiben. Viele sahen in dem Titel einen Aufruf zum Ungehorsam, einen Appell an die Unternehmer, sich über die Verordnungen hinwegzusetzen. Augustin baute aber auch hier eine zweite Ebene ein: ein Plädoyer für menschliche Nähe und Gemeinschaft. Der Song sei keine politische, sondern eine humanistische

Botschaft, sagte er: Anstatt auf Abstand zu gehen, wie staatlicherseits propagiert, solle man sich öffnen und füreinander da sein.

Die gleiche Absicht verfolgt die in Wien lebende Sängerin Morgaine, allerdings im weiteren Sinne und unabhängig von der Lockdown-Thematik. Ihre Lieder bezeichnet sie als „Herzmusik", die emotional berühren und das öffnen möchte, was in uns verschlossen ist. „Sie können als eine Art Schlüssel verstanden werden", sagt sie. „Was die Leute damit machen, liegt bei ihnen." Morgaine ist bereits seit 2014 in der Friedensbewegung aktiv und tritt seitdem immer wieder mit sozialkritischen, aber sehr gefühlvollen Liedern auf. Sie drehen sich oftmals um Themen wie Spiritualität, Gerechtigkeit und persönliche Entwicklung. Trotz kritischer Töne bleibt die Grundstimmung positiv. Es ist Musik für die Seele, wie bereits der Titel ihres zweiten Albums zu verstehen gibt: „Leuchtkraft" ist während der Corona-Zeit entstanden, sodass Morgaine darin alle emotionalen Stadien verarbeitete, die ein Großteil der Gesellschaft ebenfalls durchlebt haben dürfte – von Zukunftsangst, Wut und Fassungslosigkeit über Vertrauen, Liebe, Glück und innere Ruhe bis hin zu Verzweiflung und Hilflosigkeit. Aus dieser Krisenerfahrung erklingt auf dem Album ein Ruf nach zwischenmenschlichem Miteinander, nach einer Verbundenheit, die auf gemeinsamen Interessen und Werten basiert. Am stärksten drückt sich dieser Wunsch in dem Lied „Menschheitsfamilie" aus. Der Begriff stammt von dem Historiker und Friedensforscher Daniele Ganser. Morgaine hat ihn übernommen und erklärt in ihrem Lied, was das Konzept der „Menschheitsfamilie" beinhaltet:

> *Wir sind eine Menschheitsfamilie*
> *Hand in Hand um die Welt, weil wir viele sind*
> *Acht Milliarden Herz und mit Liebe drin*
> *Wir sind eine Menschheitsfamilie*
> *Wir sind eine Menschheitsfamilie*
> *Hand in Hand um die Welt, weil wir Frieden bringen*

Frieden ist auch das ganz große Anliegen von Alexander Tuschinski, der 2023 mit „Cut Squares“ zur Hälfte ein Antikriegsalbum veröffentlichte. Der Stuttgarter kommt eigentlich aus dem Metier des Films, komponiert aber parallel dazu Musik, unter anderem für die eigenen cineastischen Werke. Vor „Cut Squares“ hatte er zwei Dokumentationen über jeweils zwei kritische Künstler während der Corona-Zeit vorgelegt: „Flüstern und Lachen“ ist ein Porträt des Singer-Songwriters Yann Song King, „Statue of Liberty“ widmet sich dem Künstler Vanderkurth.

Damit sind die beiden Hauptthemen benannt, mit denen sich Tuschinski seit 2020 intensiv auseinandersetzt und die er in seinem digitalen Album verarbeitet hat. Wäre es eine Schallplatte, könnte man sie umdrehen und je nach Seite Lieder zur Corona-Politik oder zum Ukrainekrieg hören. Was beide Themenkomplexe zusammenhält, ist die Kritik an der ausgeprägten Konformität und Staatshörigkeit großer Teile der Gesellschaft. Darauf spielt bereits der Titel an: „Square“ ist die englische Bezeichnung für „Spießer“. Als solche haben sich nach Ansicht Tuschinskis all jene erwiesen, die Andersdenkende bis heute ausgrenzen, in der Corona-Krise die Maßnahmenkritiker und Ungeimpften, im Ukrainekonflikt die Befürworter einer friedlichen, diplomatischen Lösung.

Seine musikalische Kritik verpackt Tuschinski in einen unkonventionellen, bisweilen sehr experimentellen Sound. Percussion-Geräusche, Akkordeon, Keyboard, Klavier und Bongo-Trommeln werden so arrangiert, dass einerseits die deprimierende Stimmung der tristen Corona-Zeit anklingt. Andererseits sorgt der Klangteppich für Dissonanz, in der sich die Spaltung der Gesellschaft ausdrückt.

Die Konzeption des Albums lässt den Filmemacher erkennen. Tuschinski baut die einzelnen Songs nicht nur dramaturgisch aufeinander auf, sondern erzählt auf der Metaebene auch eine Geschichte: Das lyrische Ich bricht gemeinsam mit einer anderen Person aus einer depressiven Situation aus und trifft Gleichgesinnte, die ähnlich fühlen. Damit zeigt sich in „Cut Squares“ ein charakteristisches Merkmal der Popmusik aus der außerparlamentarischen

Opposition: Sie ist kritisch und bisweilen anklagend, enthält aber fast immer positive Botschaften und verbreitet Zuversicht. „Pop war immer auch eine Strategie der Dissidenz", schreibt der Musikjournalist Maik Brüggemeyer.[5] „Man setzte der herrschenden Kultur eine Gegenkultur entgegen." Genau das tun die vorgestellten Musiker, indem sie die Protest- und Friedensbewegung stets als Bezugspunkt nehmen, gemeinsame Werte und Forderungen artikulieren und mit ihren Liedern die Wand herrschender Narrative zu durchbrechen versuchen.

5 Maik Brüggemeyer: Pop: Eine Gebrauchsanweisung.

3. Rock – von gezähmten Tigern und neuen Rebellen

Kontaktbeschränkungen, Berufsverbote, Testpflichten, Ausgangssperren, indirekter Impfzwang: Die Liste der ungeheuerlichen Maßnahmen während der Corona-Zeit ist lang. Mit ihnen griff der Staat in einer nie dagewesenen Weise in das Leben der Bürger ein und reduzierte die individuelle Freiheit auf ein Minimum. Ausleben ließ sie sich allenfalls in den eigenen vier Wänden. Aber selbst dort konnte es passieren, dass unverhofft die Polizei Zutritt verlangte, weil Denunzianten aus der Nachbarschaft sie zur Kontrolle herbeizitiert hatten. Angesichts solch widriger Lebensumstände mussten eigentlich gerade Rock-, Punk-, oder Metal-Musiker laute und harte Töne anschlagen, weil in diesen Genres seit jeher Wut, Frustration und Unzufriedenheit kreativ verarbeitet werden. Die rebellische Haltung und nonkonformistisches Verhalten schlägt sich dabei auch in den Songtexten nieder.

Das gilt insbesondere für den Punkrock: Der ist oder gibt sich zumindest wild und unangepasst, so jahrzehntelang auch deutsche Bands wie *Die Ärzte* und *Die Toten Hosen*. Nach Beginn der Corona-Politik zeigte sich jedoch schnell, dass es sich bloß um ein Image gehandelt hatte, um ein idealisiertes Bild, gebaut auf Gratismut. Als es nämlich darauf ankam, zum Zeitpunkt massiver staatlicher Repressionen die Stimme zu erheben, zu rebellieren und sich zu widersetzen, blieben diese vermeintlich wilden Punk-Rock-Tiger so zahm wie Schmusekätzchen. Schlimmer noch: Sie dienten sich der Macht an, wurden zu willfährigen Gehilfen bei der Verbreitung der Panik- und Impfpropaganda.

So unkritisch waren die meisten Vertreter des lauten Sounds. Sie folgten brav den Ge- und Verboten, zogen sich zurück und scheuten die Konfrontation. Wer sich aber nicht bewegt, spürt die Fesseln nicht – und somit auch nicht die drakonische Unterdrückung. Vermutlich musste man am eigenen Leib erfahren, was ständige Gängelung, Diffamierung, Kontosperrungen und wiederholte Polizeimaßnahmen anrichten, um sich musikalisch mit harten Tönen zu erheben. So wie Björn Banane. Der charismatische Brandenburger ist einer der authentischsten Widerstandsmusiker und einer der wenigen, die das Genre Rock in der Gegenöffentlichkeit vertreten. Seit Beginn der gesteigerten Krisenzeit hat er nicht nur über Ungerechtigkeit gesungen, sondern sie auch unmittelbar erlebt. In den letzten vier Jahren nahm er an Demonstrationen und Kundgebungen teil, trat dort als Redner und Musiker auf, engagierte sich als Aktivist für Frieden und Freiheit, wies in den sozialen Medien auf Missstände hin und wurde so zur Zielscheibe für zahlreiche NGO-Bodentruppen der Regierung, die ihn terrorisierten und seine Auftritte vereitelten. Hinzu kamen etliche polizeiliche Kontrollen und Festnahmen sowie strafrechtliche Verfolgung. Anders als den *Ärzten* oder den *Toten Hosen* kann man ihm nicht vorwerfen, duckmäuserisch gewesen zu sein. Wie ein echter Rebell warf er sich in einen gigantischen Sturm, der sein Leben ordentlich durcheinanderwirbelte.

Diese Erfahrungen hat Björn Banane in dem Album „Neuanfang" verarbeitet. Die achtzehn Songs mit Titeln wie „Impfschaden", „Rechtsstaat", „Hausdurchsuchung" und „Schwere Zeiten" konservieren die Grundbefindlichkeit des gegenwärtigen Dissidentendaseins. Einer der bekanntesten ist „Rote Linie", bezogen auf eine Aussage des Bundeskanzlers Olaf Scholz. Im Kampf gegen die vermeintliche Pandemie dürfe es keine roten Linien geben, sagte dieser Ende 2021. Was das im Endeffekt bedeutete, war allen Maßnahmenkritikern klar: Der Staat sollte die Freiheitsrechte weiter einschränken können, wenn es die Regierung für nötig ansah. Scholz' Aussage wurde aufgefasst als ein Plädoyer für Machtmissbrauch, gehüllt in gefällige Worte, die gemeinwohlorientiertes Bemühen um Gesundheitsschutz suggerieren.

In seinem Lied macht Björn Banane die außerparlamentarische Opposition zur roten Linie: Die Masse der Dissidenten zeigt der übergriffigen Politik die Grenzen auf. „Wir haben Masken getragen", beginnt der Song:

> *Und haben Abstand gewahrt*
> *Wir sollten nichts hinterfragen*
> *Hab'n sie im Fernsehen gesagt*
> *Wir nahmen Kindern die Kindheit*
> *Und sie nicht mehr in den Arm*
> *Wir sind zum Schutz der Gesundheit*
> *Nicht mehr zu Oma gefahr'n*
> *Doch irgendwann ist wirklich mal genug*
> *Wir stehen auf und kämpfen bis zum letzten Atemzug*
> *Wir sind die rote Linie*
> *An uns kommt keiner vorbei*
> *Wir sind die rote Linie*
> *Die rote Linie*

Auch die anderen Songs bewegen sich zwischen Medien- und Regierungskritik, Aufklärung, Realitätsbeschreibung und Appellen, auf die Straße zu gehen. Die meist rebellischen Texte werden untermalt mit E-Gitarren und Schlagzeug, bisweilen schrill und rau.

Ein Lied hat Björn Banane dem „Querdenken"-Gründer Michael Ballweg gewidmet. Es entstand, kurz nachdem der Musiker erfahren hatte, dass der bekannte Maßnahmenkritiker und Organisator von Großdemonstrationen wegen angeblicher Veruntreuung von Spenden inhaftiert worden war. Björn Banane vermutete ein politisch motiviertes Verfahren, wollte seine Solidarität kundtun und mit dem „Song für Michael Ballweg" die öffentliche Aufmerksamkeit auf den brisanten Fall lenken, damit Politik und Justiz sich nicht unbeobachtet über rechtsstaatliche Prinzipien hinwegsetzen konnten. Dass sich daraufhin in Teilen der Gesellschaft Widerstand gegen das hier geschehene Unrecht regte, war auch ein Verdienst des Musikers.

Ein weiterer Vertreter des widerständigen Rock ist Buzz_G. aus Hannover, der unter diesem Pseudonym als Solokünstler abseits von seiner Gruppe *Cosmic Tribe* seine ganz persönlichen Gefühle und Gedanken verarbeitet. Die Songs sind meist systemkritisch und zeichnen sich durch dynamische Gitarrenriffs, kraftvollen Bass und grooviges Schlagzeug aus. Gelegentlich kommt Keyboard zum Einsatz. Er bemühe sich um einen „trashigen Sound", sagt Buzz_G. Ihm gefalle es, wenn der Klang nicht zu weich ausfalle.

Musikalisch changiert der Hannoveraner zwischen Deutsch- und Punkrock, produziert aber auch Lieder in Singer-Songwriter-Manier. 2022 erschien die EP „Über dem Kuckucksnest" mit sechs Songs – eine Art musikalischer Kommentar auf die gesellschaftlichen Verhältnisse. Obwohl die Lieder sich auf die Situation während des Maßnahmenregimes beziehen, heben sie negative Merkmale hervor, die auch nach Ende der Grundrechtseinschränkungen so ausgeprägt sind wie damals, etwa den typisch deutschen Hang zum Mitläufertum in dem Song „Das Blöken der Lämmer". Von Meinungsfreiheit kann nicht die Rede sein, lautet der Subtext. Stattdessen regiert die Angst, ein falsches Wort zu sagen. Deswegen zieht es die Mehrheit vor, in den Chor der herrschenden Meinung mit einzustimmen:

> *Lämmer als Rebellen, sie blöken statt zu bellen*
> *Wir sind Lämmer als Rebellen – Lämmer!*
> *Lämmer als Rebellen, sie blöken statt zu bellen*
> *Wir sind Lämmer als Rebellen*
> *Keine Angst – wir können ja nicht bellen.*

Der Song impliziert, dass zu den Lämmern auch Musikerkollegen zählen, und erklärt, warum sie sich so verhalten: „Gedroht wird nicht mit Waffen, Tabus sind's, die das schaffen / Political Correctness, und die Freiheit steht im Schatten." Es sind subtile Techniken, mit denen das Verhalten der Gesellschaft gesteuert wird – an die Stelle der Gewalt tritt „Soft Power", die ihre Wirkung dezent und unmerklich entfaltet.

In die gleiche Kerbe schlägt „Brot und Spiele". Der Ausdruck steht für eine alte, sehr erfolgreiche Technik, das Volk bei Laune zu halten und potentielle Proteste im Keim zu ersticken. Ihr sind gerade im Vorfeld der Corona-Krise viele Menschen auf den Leim gegangen, meint Buzz_G., der sich selbst nicht ausnimmt. „Ihr gabt mir Brot und Spiele / Auf dass ich auf eurem Feld nicht spiele / Ihr habt mich angepisst / Und das nicht mal mit viel Geschick."

An diese Machtkritik knüpft Buzz_G. im Titelsong „Über dem Kuckucksnest" an, der nicht Techniken der Verhaltenssteuerung aufzeigt, sondern den Lebensstil der Herrschenden und deren Ziele:

> *Nun laben sich die Ratten*
> *Auch an dem Speck*
> *Den sie für uns*
> *Die Mäuse hatten*
> *Sie greifen nach der Macht,*
> *Durch Kontrolle Tag und Nacht,*
> *Die vermeintlich über unsere Freiheit wacht*

Buzz_G. bleibt bei der dritten Person Plural, wenn er auf die Herrschenden verweist. Der erwähnte Ralph Valenteano verringert in seinem Rockalbum „Dunkle Saite" die Distanz, indem er sie direkt anspricht. In den achtzehn Songs dominiert das „Ihr". Das dahinterstehende Personal verteilt sich auf verschiedene Gesellschaftsgruppen: Politiker und Medienschaffende, Konzerne und Wissenschaftler, woke Ideologen und rückgratlose Mitläufer aus dem Bürgertum. Sie alle konfrontiert Valenteano mit zahlreichen moralischen Verfehlungen, zeigt sie als arrogant und verantwortungslos, kaltblütig und bevormundend, als beleidigend und prinzipienlos. Das Album ist ein musikalisches Sittengemälde, eine rockige Allegorie auf eine Gesellschaft, die im Zivilisationsprozess zurückschreitet.

Schon der Titel deutet an, dass Valenteano die unschönen Affekte in angemessenen Sound umwandelt, aus dem aufgestaute Empörung spricht. Er sublimiert sie, indem er einen energiegeladenen

Klangteppich webt und textlich mit eingängigen Metaphern arbeitet. Das kollektive Ihr wird zum „Nikotin", an dem er nicht ziehen will. Es sei auch kein „Whisky", sondern „Fusel". Zum Unterschied zwischen „Kaffee" und „eurer Meinung" singt Valenteano:

> *Kaffee hätt' ich gewollt*
> *Und der Unterschied zwischen Kaffee und eurer Meinung*
> *Kaffee hätt' ich geteilt*
> *Ihr braucht nicht mal Laktose, um intolerant zu sein*
> *Kesselt uns ein*
> *Grenzt uns aus, Brautwurstverein*

Etwas weniger metaphorisch, dafür drastischer sind die Songs der vierköpfigen US-Rockband *The Refusers* um den Sänger und Gitarristen Michael Belkin. Im Sommer 2023 erschien das Album „Freedom Fighters" mit Songs wie „Propaganda", „Government Slave" und „Vaccine Gestapo". Es ist ihr drittes und das mit Abstand politischste. Die Kritik an der Corona-Politik fällt so schonungslos aus wie auf keinem anderen Album dieses Genres: Hardrock in seiner Urform – laut, angriffslustig und unverblümt. Die Adressaten werden beim Namen genannt: Bill Gates, Klaus Schwab, Joe Biden, Anthony Fauci, das Who-is-Who der machthungrigen Elite. In den elf Stücken geht es um Gedankenkontrolle und verlogene Narrative, um Korruption und Vetternwirtschaft, um staatlichen Zwang und autoritäres Gehabe. Aus ihnen spricht die blanke Wut, mit der die *Refusers* zu Freiheitskampf und Rebellion auffordern: „Live free", „rock the boat, cut the ropes", „stop living in a fishbowl."

Die *Refusers* bezeichnen ihr Album als „musikalischen Widerstand". Dass hiesige Punk- und Hardrocker wie die buchstäblich *Toten Hosen* ihn nicht leisten wollen, bestätigt die German Angst als reales Phänomen. Wieder einmal ist der härteste, kompromisslose und rebellischste Rock ein Importprodukt. Dabei haben die *Refusers* nicht wenig zu verlieren. Sie sind keine Newcomer, sondern spielten schon als Vorband für *Kings of Leon, Joan Jett, Black Crowes* und

The Flaming Lips. Solche Auftritte könnten in Zukunft ausbleiben. Dennoch erhebt die Band ihre Stimme, während sich die Mehrheit der Rocker in ruhigem Fahrwasser bewegt und auf ihrem Rebellen-Image ausruht.

4. Liedermacher, Singer-Songwriter und Songpoeten

„Die großen Heuchler, und was – na, was / Wird bleiben von denen? Von denen wird bleiben / Daß wir sie endlich durchschaut haben." Diese Zeilen stammen von Wolf Biermann, einem der bekanntesten Liedermacher der deutschen Nachkriegszeit. Als überzeugter Kommunist siedelte er 1953 aus Hamburg in die DDR über und wandelte sich dort zu einem ihrer schärfsten Kritiker. Der Grund dafür klingt in diesem „Lied von den bleibenden Werten" an: Biermann hatte die Funktionäre an der Spitze des Staates und deren Lügen durchschaut. Von den Werten war nichts geblieben, nichts von Freiheit und Gleichheit und nichts von der einst gelobten Solidarität. An ihre Stelle trat der Autoritarismus mit all seinen Begleiterscheinungen wie Zensur, Gehorsamspflicht und der Ausgrenzung Andersdenkender.

Ein ähnlicher Umbruch ließ sich nach Beginn der Corona-Politik beobachten – wer genau hinschaute, erkannte das. Biermann sah es nicht, obwohl sein Auge geschult sein sollte. Von den Werten, die er einst verteidigt hatte, war offenbar auch in seiner Lebenswelt nicht mehr viel übrig. Auf seine Kritik an der staatsautoritären Entwicklung seit der Maßnahmenzeit wartet man bis heute. Gleiches gilt für Konstantin Wecker. Wie Biermann trat er vor Corona über Jahrzehnte als Liedermacher der Freiheit auf. Als diese ihn nach den massiven Grundrechtseinschränkungen am dringendsten gebraucht hätte, stellte er sich auf die Seite der autoritären Politik und brach den Kontakt zu Mitstreitern ab, die diese kritisierten. Einer von ihnen ist Jens Fischer Rodrian. Der Berliner Musiker und Lyriker hatte mit Wecker zuvor fast zwanzig Jahre auf der Bühne gestanden. Beide gingen gemeinsam auf Tour und hatten ein enges Verhältnis, bis sich der Mentor wortlos von seinem Protegé abwandte. Rodrian ist ebenso enttäuscht wie verwundert. Er selbst hat seine Haltung nicht geändert, steht noch immer für Freiheit, Frieden und Wahrheit ein, erhebt seine Stimme gegen Unrecht und kritisiert die Regierung, wenn sie gegen demokratische und rechtsstaatliche Prinzipien verstößt. Und das, findet Rodrian, tat sie während der Corona-Krise in offensichtlicher Weise. Er empfand die Grundrechtseinschränkungen, die folgende Diffamierung Andersdenkender und die zunehmende Cancel Culture als einen derartigen Urknall, dass er seitdem politischere Musik produziert als früher.

Schon recht früh in der Corona-Zeit veröffentlichte Rodrian ein Stück, das den gleichen Titel trägt wie eines von Wolf Biermanns Liedern: „Es gibt ein Leben vor dem Tod". Offensichtlich eine Anspielung, eine Übertragung auf die gegenwärtige Situation, mit einer poetischen Kraft, die den großen Werken des einstigen DDR-Dissidenten nicht nachsteht. „Egal, wie man es betrachtet, welch Sorge dich umnachtet / Was jetzt passiert, ist fern von dem, was ich für möglich hielt", beginnt der Song, aus dem Rodrians Erschütterung über die „neue Normalität" spricht:

> *Menschen dürfen nicht mehr selbst entscheiden,*
> *Ob sie an Krankheit oder Einsamkeit leiden*
> *Alles ist der Illusion von Sicherheit verschrieben*
> *Ein altbewährter Helfer kriecht aus seinem Loch,*
> *Die Angst, sie funktioniert immer noch*
> *Angst macht gefügig – Angst macht taub.*

Singer-Songwriter Rodrian in seiner lyrischen Ausdrucksweise so poetisch wie Biermann, wirkt aber in der Darbietung moderner. Er steht in der Tradition des sogenannten Spoken Word, bei dem Texte vorgetragen und wahlweise musikalisch begleitet werden. Seine Wurzeln hat das Genre in der US-amerikanischen Literaturströmung der Beat Generation in den 1950er-Jahren. Kurz vor der Jahrtausendwende wurde Spoken Word weiterentwickelt, indem die Künstler es zunehmend mit unterschiedlichen Arten populärer

Musik verbanden. Dieser Einfluss ist in Rodrians Performance spürbar. Auch er tritt mit Gitarre auf, lässt sie aber mit mehreren Effektinstrumenten interagieren, bis ein sphärischer Sound entsteht.

In diesem Stil hat er im Laufe der Corona-Krise neben „Es gibt ein Leben vor dem Tod“ so eingängige Songs wie „Die Armada der Irren“, „Niemals auf die Knie“ und „Umgeimpft“ veröffentlicht, die mit anderen Stücken aus der Krisenzeit 2023 auf dem Album „Alles nur geliehen“ erschienen. Thematisch wechselt Rodrian zwischen Gesellschaftskritik und aufbauenden Appellen, besingt den Widerstandsgeist der außerparlamentarischen Opposition, beklagt aber auch den Niedergang von Rechtstaatlichkeit und Pressefreiheit.

Symbolisch dafür steht das Schicksal des inhaftierten WikiLeaks-Gründers Julian Assange, dem ein Song auf dem Album gewidmet ist. Der australische Journalist deckte schreckliche US-Kriegsverbrechen auf und wurde deswegen wie ein Schwerverbrecher behandelt, obwohl er tat, was zu den Aufgaben der sogenannten „Vierten Gewalt“ gehört: aufklären und die Wahrheit publik machen. Weil diese Grundsätze mittlerweile selbst in westlichen Demokratien bloße Lippenbekenntnisse sind, saß Assange jahrelang in Einzelhaft und erlitt psychische Folter. Ihm drohte sogar eine Abschiebung in die USA mit anschließender Haftstrafe von mindestens 175 Jahren. Sein Fall und der Umgang damit statuierten ein Exempel, damit Journalisten in Zukunft erst gar nicht wagen, sich mit Korruption und Verbrechen der Machtelite zu beschäftigen. Die Wirkung ist am allgemeinen Schweigen spürbar, auch was den Fall Assange selbst betrifft. Rodrian kritisiert das in seinem Lied, das nach dem Leidtragenden benannt ist:

> *Was haben wir getan?*
> *Was haben wir unterlassen?*
> *Wann wird Schweigen zur Qual?*
> *Wann haben wir keine andere Wahl?*
> *Was treibt die Menschen an?*

Was lässt sie verstummen?
Wann gehör'n wir zu den Guten?
Wann zu den Dummen?
Wann verschließen wir die Augen?
Wann woll'n wir nichts mehr hören?
Wann werden wir laut?
Wann wollen wir niemanden stören?

Rodrian konfrontiert die Hörer mit unangenehmen Fragen, um schließlich im Refrain hervorzuheben, worin Assanges Verdienst besteht, was er für Demokratie und Allgemeinheit geleistet hat und wie wenig ihm dafür gedankt wird: „Er hat alles riskiert / Eine Weltmacht blamiert / Doch die Vasallen war'n geschmiert / Schaut, wie der Rest von uns – reagiert / SHAME ON US!"

So wie sich Rodrian in den letzten Jahren mit den Krisen rund um Corona, Julian Assange und den Ukrainekonflikt auseinandergesetzt hat, beleuchtet er auch die Schattenseiten des Gazakriegs. Zwei Stücke sind zu diesem Thema entstanden; beide sind Friedenslieder, unterscheiden sich jedoch in Ton und Aussage. Während „Sie leben" energisch die tragische Lage der palästinensischen Bevölkerung beschreibt, ist „A'isch" eine melancholische Sologitarren-Etüde, die zugleich Hoffnung macht.

Eine Verbündete im Geiste des Spoken Word hat Rodrian in der Schweizer Singer-Songwriterin Yoki, die viele ihrer Lieder in klassischer Slam-Poetry-Manier vorträgt: Im Vordergrund steht die Lyrik, musikalisch untermalt von Yokis akustischer Gitarre. Wie bei Rodrian kommen bisweilen Effektgeräte zum Einsatz, die den Sound sphärisch klingen lassen. Aber eigentlich ist die Singer-Songwriterin aus Bern nicht auf sie angewiesen, um eine elektrisierende Wirkung zu erzielen. Die Poesie ihrer Songtexte geht unter die Haut, ist nicht nur elegant, sondern auch voller Sprachwitz. Die Lust an Wortspielen macht sich schon im Titel ihres Albums bemerkbar: „Poetisch korrekt" erschien im Sommer 2023 als Kondensat der

Auseinandersetzung mit den gesellschaftlichen Ereignissen während der Corona-Krise. Neben den dominanten Themen jener Zeit geht es darin um den gesteigerten Moralismus des woken Zeitgeistes, wobei Yoki insbesondere die Gesinnungsflexibilität der jungen Generation kritisiert.

Die insgesamt neun Songs werden mal auf Deutsch, mal auf Schweizerdeutsch vorgetragen, im Wechsel zwischen Deklamation und Gesang, oft mit einem Augenzwinkern und einer Prise Provokation. Während Yoki all die Mitläufer damit konfrontiert, dass sie im Gleichschritt mit Politik und Medien den Maßnahmenkritikern „das Leben zur lebenden Hölle" gemacht haben, verarbeitet sie ihre eigenen Erfahrungen philosophisch und dringt zum menschlichen Wesen vor, in dem die Erklärung für deren Verhalten liegt. „Und wisst ihr, was mir auch noch Sorgen macht?", fragt sie in dem Stück „Friedensaktivismus":

> *Was mir so manche Nacht den Schlaf*
> *Und zuweilen fast die Träume raubt?*
> *Dass sich der Mensch ganz offensichtlich*
> *Keine Freiheit in sich selbst erlaubt*
> *Die Freiheit, selbst zu denken*
> *Und damit sichtbar zu werden*
> *Unabhängig von den Herdentieren*
> *Er will den Anschluss nicht verlieren*
> *So dass er bis zum bitteren Schluss*
> *Alles niederringen muss*
> *Was freier ist als er*
> *Und weil er das, was er begehrt*
> *Sich selbst aus Angst und dann aus Neid*
> *Auch anderen verwehrt*

Philosophische Gedanken dieser Art mischen sich auf Yokis Album unter Selbstreflexionen und Überlegungen, wie es zu einer Versöhnung kommen kann, wie sich der Prozess der Spaltung stoppen und umkehren ließe. Praktische Lösungen liefern ihre Songtexte nicht; teilweise macht sich Ratlosigkeit bemerkbar, die in tragischer Weise nach Worten ringt. In dieser emotionalen Aufgewühltheit liegt eine Kraft, die zum Nachdenken anregt, zumal die Schweizer Musikerin andererseits schlagkräftige Argumente für eine breite Aufarbeitung der Corona-Zeit bietet.

Im Gegensatz zu Yokis poetischer Eleganz zeichnen sich die Lieder des Singer-Songwriters Yann Song King durch kreativen Humor aus. Als der Dresdner im Frühling 2020 in seiner Heimatstadt auf einer der vielen Demonstrationen eher spontan die Bühne betrat und auf seiner Gitarre spielte, konnte er nicht ahnen, dass dieser Entschluss sein Leben grundlegend verändern und ihn zum Kultmusiker machen würde. Auf die erste Darbietung folgten mehrere Anfragen, ob er auch andernorts in Sachsen die Stimmung auflockern könnte. Yann Song King konnte, aber zunächst mit einem ähnlichen Ansatz wie der Musikkabarettist Franz Esser: Er textete bekannte Hits so um, dass sie sich auf die gegenwärtige Situation bezogen – mit satirischen Pointen und witzigen Wendungen.

Mit jeder Woche wuchs das Repertoire, und Yann Song King trug seine Parodien bald als wechselnde Auswahl unter dem Motto „Pandemie-Charts“ vor. Gleichzeitig produzierte er eigene Songs, die ähnliche Zutaten enthielten und den Singer-Songwriter überregional bekannt machten. Nach dem Ende der Corona-Politik ist er auf Veranstaltungen der außerparlamentarischen Opposition weiterhin ein gern gesehener Gast, der oft gebucht und eingeladen wird. Was das Publikum überzeugt, ist die Mischung aus ernstem Inhalt und humorvollen Untertönen mit hintergründigem Sprachwitz. In „Die heilige Barbara“ widmet er sich den Versuchen, das Bargeld abzuschaffen, in „Hitze-Tod-Check“ Karl Lauterbachs Plänen, aufgrund angeblich tödlicher Sommertemperaturen ähnliche Maßnahmen zu verordnen wie während der Corona-Zeit. „Die Ballade vom Friedenskuchen“ geht auf die Vorgänge rund um den Ukrainekrieg ein, und „Ampel-Muss-Weg“ setzt sich allegorisch mit der Politik der deutschen Regierungskoalition auseinander, ohne die Protagonisten direkt zu nennen. In anderen Liedern tut dies der Singer-Songwriter aber ganz explizit, wenn er Repräsentanten der Macht wie Markus Söder, Ursula von der Leyen und Joe Biden verspottet.

Live spielt Yann Song King meist nur Gitarre, im Tonstudio greift er tiefer in den musikalischen Werkzeugkasten und gibt sich als vielseitiger Künstler zu erkennen. Seine Bandbreite reicht von Rock und Metal über Pop bis hin zum Schlager. Mal erklingen Akkordeon und Blasinstrumente, mal Klavier, kräftige Drums beziehungsweise Electro-Beats. Ähnlich vielfältig sind die Texte, vor allem auf dem 2023 erschienenen Album „Vergessen? Nö!“, das ein Resümee der Corona-Jahre zieht. Das Pendel schwingt zwischen Kritik und Lob. Letzteres richtet sich an die „Freigeister“ und „Selbstdenker“, die trotz Gegenwind standhaft geblieben sind und sich nicht vor den Karren des politmedialen Mainstreams spannen ließen. „Es tut so gut, unter Menschen zu sein“, singt er in „Menschen wie ihr“, „die den Speichel der Fürsten nicht lecken, / die für die eig'nen Gedanken bereit sind / bei anderen anzuecken.“

Die Demonstrationen in der Corona-Zeit hätten ihn an die Proteste 1989 kurz vor der Wende erinnert, sagt Yann Song King in Alexander Tuschinskis „Flüstern und Lachen“, einem filmischen Porträt des Singer-Songwriters. Er sei schon damals in Dresden mitgelaufen und sehe gewisse Parallelen. Ebenso wie El Alemán, obwohl der Künstlername das nicht vermuten lässt. Der Liedermacher aus Berlin wurde 1959 in der DDR geboren, wo er in frühen Jahren eine Ausbildung auf der klassischen Gitarre absolvierte. In den 80ern spielte er in mehreren Rock- und Popgruppen und trat gelegentlich auch als Sänger auf. 1999 erhielt er das Angebot, bei einem Berliner Roma-Musikensemble einzusteigen, und lernte dabei die spanische Gitarre schätzen. Aus dieser neuen Leidenschaft entsprang der Künstlername El Alemán.

Trotz seiner Begeisterung für die Klänge des Südens hat der Liedermacher seine Wurzeln nicht vergessen – und erst recht nicht den totalitären Geist der DDR. Eine prägende Phase seines Lebens war die Arbeit am vorpommerschen Theater Anklam, wohin damals viele kritische Künstler strafversetzt wurden. So kam El Alemán mit vielen bekannten Schauspielern und Regisseuren in Kontakt und erfuhr aus erster Hand, wie die Mühlen eines autoritären Staates mahlen. Er weiß, wie sensibel Zensur manchmal betrieben wird. Als die Corona-Politik begann, erinnerten ihn gewisse Muster sehr an früher. Dass ein Großteil der Gesellschaft sie nicht erkannte, verwunderte ihn so, dass er seine Befindlichkeiten in einem Album verarbeiten musste. Unter dem Titel „Status 2020. Lieder zur Zeit" thematisiert er neben dem schleichenden Freiheitsverlust vor allem die Geschichtsvergessenheit. Eine Erklärung dafür liefert der Song „Götterspiele":

> *Im Gedächtnis nur Bilder*
> *einer schönen Kindheit*
> *Drum wird sich alles wiederholen*
> *Die Figuren stehen schon bereit*

Die Zeilen spielen darauf an, dass die meisten regierungstreuen Befürworter der Corona-Politik in der BRD aufgewachsen und daher blind für jene Muster waren. Anders als ehemalige DDR-Bürger hatten sie derart autoritäre Verhältnisse vorher nicht selbst erlebt. Wie diese aussehen und in der Gesellschaft zum Vorschein kommen, beschreibt El Alemán im „Blues vom Vergessen" anhand der Schweigespirale, die entsteht, wenn keine Abweichung von der herrschenden Meinung toleriert wird:

> *So teilte sich langsam das Volk in dem Land*
> *Denn viele benutzten ihren eigenen Verstand*
> *Doch die gläubigen Diener, eine riesige Macht*
> *Blind haben sie alles für ihre Führer gemacht*
> *Denunzierten selbst Nachbarn im eigenen Haus*
> *Und plauderten alles bei Behörden gern aus*

> *Ja, ein riesiges Netzwerk treuer Bürger entstand*
> *Überwacht wurde so dieses traurige Land*

El Alemán spricht die Dinge nicht immer so direkt aus wie hier. Seine Lieder enthalten oft Leerstellen mit versteckten Hinweisen, die der Hörer selbst füllen muss. Ein solches Stück voller Anspielungen ist „Wegbegleiter". Es handelt von einem einflussreichen Musiker, dessen Name nicht genannt wird. Der Text legt indes eine Spur in die DDR-Vergangenheit und schlägt zugleich eine Brücke zur Gegenwart:

> *Hast mich fast mein ganzes Leben lang begleitet*
> *Damals hast du meinen Horizont geweitet*
> *Was ist passiert, wie konntest du*
> *Nur auf deine Eitelkeit so sehr reinfallen?*

Wer dieser „gefallene" Musiker ist, lässt sich nur vermuten. Allerdings enthält der weitere Text viele Indizien dafür, dass es sich um Wolf Biermann handelt: „Ich war von deinen Liedern früher fasziniert / Hattest die Obrigkeit damit ganz schön frustriert / Mit deiner Kraft und deiner Wut, / Gabst du so vielen Menschen damals neuen Mut." Am Ende stellt El Alemán enttäuscht fest, dass das musikalische Vorbild sich als Person weit vom Inhalt seiner Texte entfernt hat. Während diese noch immer ihre Kraft entfalten, verblasst deren Schöpfer zunehmend und versinkt in der Bedeutungslosigkeit: „Doch deine alten Lieder leben weiter / Sie sind stärker, viel stärker längst als du."

Der Berliner Musiker verarbeitet die gesellschaftspolitischen Umbrüche seit der Corona-Zeit weder aggressiv noch larmoyant, sondern gewitzt-lässig mit einem Hauch politisch unkorrektem Sarkasmus. Die pointierten Zeilen werden vorgetragen mit einer rauchigen Stimme zu wohlklingendem Sound, der stellenweise Melancholie verbreitet. Jeder Song drückt Gefühle und Gedanken aus, die nicht wenige Menschen seit der Corona-Politik teilen dürften.

Diesem Ansatz blieb er auf seinem zweiten Album aus dem Jahr 2022 treu. „In diesen Zeiten würd' ich gerne Flügel haben" thematisiert erneut die Veränderungen im Land und kritisiert das zunehmend kühle gesellschaftliche Klima, in dem von oben bestimmt wird, wie sich die Bürger zu verhalten haben. Produziert und gemastert wurden El Alemáns Alben von dem Berliner Karsten Troyke, einem weiteren unangepassten, kritischen Singer-Songwriter, der als einer der bedeutendsten Interpreten jiddischer Lieder gilt. Troyke stammt aus einer deutsch-jüdischen Familie und wuchs in der DDR mit Liedern wie „Bella ciao" auf – seine Mutter wuchs in einem Umfeld aus kommunistischen Widerstandskämpfern auf. Auch diese Prägung trug dazu bei, dass Troyke später selbst zum Dissidenten wurde, als die SED ihre Repressionen stetig verschärfte.

Regimekritische Künstler wie er trafen sich Ende der 80er in der Gethsemanekirche im Berliner Stadtteil Prenzlauer Berg, wo sie vor den Übergriffen des Staates sicher waren und nicht nur temperamentvoll diskutierten, sondern auch ihre Lieder vortrugen. Während der Corona-Krise begab sich Troyke wieder an diesen geschichtsträchtigen Ort, um eine abermals totalitäre Entwicklung anzuprangern. Er hielt auf dort stattfindenden Kundgebungen Reden und spielte seine Stücke, unter anderem „Jeder soll so leben, wie er leben mag". Das Lied kommentiert den Trend, politisch Andersdenkende zu diffamieren, und hält ein Plädoyer für echte Toleranz: „Und auch die Kinder sind wieder frei, zu atmen, zu wachsen, zu denken, zu schrei'n / Die alten Leute sind mit dabei, zu tanzen, zu lachen, zu erzähl'n, zu sein."

Der Song „Wenn Lügen einen Krieg entfachen" entstand in der Zeit, als die außerparlamentarische Opposition nicht mehr wegen der Grundrechtseinschränkungen auf die Straße ging, sondern wegen Deutschlands Waffenlieferungen an die Ukraine. Im Text zieht Toyke Parallelen zum Fall von Julian Assange, der einmal sagte: „Wenn eine Lüge Kriege auslösen kann, dann kann die Wahrheit Frieden stiften." Für dieses Anliegen musste der australische Journalist viele Jahre büßen, weil es keine echte Pressefreiheit gibt. Diese fordert Troyke, indem er darauf beharrt, dass nur mit ihrer Hilfe die Wahrheit ans

Licht kommen kann. Sie wiederum ist die Voraussetzung, um Frieden zu stiften, auch im Ukrainekonflikt, der laut Troyke auf vielen Lügen basiert. „Wenn Lügen einen Krieg entfachen", singt er im Refrain:

> *Kann die Wahrheit Frieden machen*
> *Wer bedroht hier wen und wie*
> *Und warum wussten wir nie*
> *Alle Karten auf den Tisch*
> *Anders geht es nicht!*

Um Wahrheit, Frieden und Freiheit geht es auch in den Liedern des Berliners Tino Eisbrenner, der sich als Songpoet und Brückenbauer versteht. Die Selbstbeschreibungen treffen insofern zu, als Eisbrenner soziale Missstände in einer metaphernreichen und teilweise romantischen Sprache umschreibt, zugleich aber dem Wunsch nach (Völker-)Verständigung Ausdruck verleiht. Wie die zuletzt erwähnten Singer-Songwriter wuchs er in der DDR auf, lebte mehrere Jahre in Bulgarien und entwickelte ein Verständnis für slawische Mentalität und Kultur. Nach dem Mauerfall gab Eisbrenner Konzerte in Russland und spielte 2017 und 2019 auf der Krim. Während des noch immer andauernden Ukrainekriegs trat er bei einem Festival in Moskau auf. Der Songpoet setzt sich schon lange für ein friedliches Verhältnis zu Russland ein und macht sowohl in seinen Liedern als auch abseits der Musik darauf aufmerksam, dass der gegenwärtige Konflikt auf politischen Winkelzügen und medialen Feindbildern beruht.

Außer Russland bereist Eisbrenner südamerikanische Länder, wo er viel Zeit mit Ureinwohnern verbringt und ihre Kultur zu verstehen versucht. Seine Erfahrungen hat er zuletzt in „Kalumet" verarbeitet. Das 530 Jahre nach der Entdeckung Amerikas veröffentlichte Album ist nach der indianischen Friedenspfeife benannt, womit es zugleich einen Bogen zur Kriegssituation in Europa schlägt. In dreizehn Stücken setzt sich der Berliner Musiker kritisch mit der Geschichte auseinander, thematisiert den Raubbau an der Natur und legt die negativen Merkmale unserer Ellbogengesellschaft offen. Das Album will die Gegenwart begreifbar machen und zur Selbstreflexion anregen. Eisbrenner selbst hat es als einen Mix aus Poesie, Lebensromantik und politischer Analyse bezeichnet. Seine Musik – das verbindet sie mit der aller vorgestellten Singer-Songwriter – drückt Protest und Widerstand aus, in kunstvoller Sprache und zeitkritischen Kommentaren, die zugleich Offenheit für die „andere Seite“ signalisieren.

III. Bildende Kunst

Politische Kunst changierte schon immer zwischen Anpassung und Widerstand, zwischen Propaganda und Regierungskritik. Bereits in der Antike demonstrierten monumentale Bauten und Skulpturen die Macht der herrschenden Klasse. Im Mittelalter entstanden meisterhafte Bildnisse von Fürsten, Päpsten und Königen. Dargestellt wurden sie mit Zepter und Krone, mit Wappen und Kreuzen. Derlei Insignien mischten sich mit umfangreicher Symbolik, die den Status der abgebildeten Personen unterstrich. Die Gemälde sollten unmissverständlich die Autorität der dargestellten Mächtigen demonstrieren. Die herrschende Klasse wollte bewundert werden, in all ihrer Pracht, die sie auf den Bildern zur Schau trug. Die Motive waren ebenso überhöht und idealisiert wie im frühen 20. Jahrhundert, als zum Beispiel im nachrevolutionären Russland die Kunst ausschließlich dem Staat diente. Bilder, die nicht sozialistische Ideen vermittelten, galten als „bürgerlich“ und wurden entfernt.

Dennoch gab es vor allem seit Anbruch der Moderne auch immer wieder Kunst, die nicht im Dienst der Politik stand und sich aktiv am Tagesdiskurs beteiligte. Nach der englischen Revolution 1688 wurden Karikaturen populär, die im Stil satirischer Entwürdigung Kritik an Monarchen übten. Die Zeichner wagten den Blick hinter die Kulissen und entblößten die Herrschenden als ganz gewöhnliche Menschen, nachdem diese zuvor mehrere Jahrtausende eine gottähnliche Stellung für sich postuliert hatten.

In ihrer Kritik zielte politische Kunst aber nicht nur auf Personen ab, sondern auch auf Ereignisse wie Kriege. Eines der bekanntesten Beispiele aus dem 20. Jahrhundert ist Pablo Picassos „Guernica“, mit dem der Maler den Luftangriff auf die Stadt während des spanischen Bürgerkriegs kommentierte. Aus dem Gemälde spricht der Terror. Die dargestellten Menschen und Tiere vermitteln Todesangst so eindringlich, dass „Guernica“ zum Sinnbild einer politischen Kunst wurde, die sich für den Frieden einsetzt.

Dass die Kunst in ganz Europa in politischer Hinsicht kritisch wurde, geht auch auf die gesellschaftlichen Umbrüche im Zuge der Französischen Revolution zurück. Mit zunehmender Liberalisierung avancierten Künstler zu selbstbestimmten Schöpfern, die ihre Motive genauso eigenständig wählten wie die zu vermittelnden Aussagen. Zuvor arbeiteten sie meist im Auftrag der politischen und gesellschaftlichen Elite und mussten sich anpassen. Wie die Bilder aussehen sollten, bestimmten Adel, Klerus beziehungsweise das vermögende Bürgertum.

In diesem Spannungsverhältnis zwischen Propaganda und Widerstand steht die Kunst noch heute. Die politische Einflussnahme erfolgt jedoch subtiler, etwa über Projektförderungen, Ausschreibungen und Stipendien. Wer seine Bilder auf Ausstellungen in renommierten Museen oder auf prominenten Festivals präsentieren möchte, muss thematisch den Geschmack der Institutionen und Juroren treffen. Und die wiederum orientieren sich an der Politik, um in den Genuss von Zuschüssen oder einer Gesamtfinanzierung aus öffentlicher Hand zu kommen.

Die Auswahl der Bilder und Projekte erfolgt nach ideologischen Gesichtspunkten. Deswegen dominieren derzeit „woke" Themen, während kritische Werke zur Corona- oder Kriegspolitik ignoriert, ja vehement verdrängt werden. Innerhalb des etablierten Betriebs werden sie öffentlich so gut wie nicht wahrgenommen, weil sich die meisten institutionellen Akteure an der Cancel Culture beteiligen. Das heißt aber nicht, dass es keine regierungs- und zeitkritische Kunst gäbe. In den letzten Jahren hat sich eine sehr vitale Szene herausgebildet, die die gesellschaftlichen Missstände in Folge der Corona-Krise zum Thema macht. Die Künstler vernetzen sich und organisieren selber Ausstellungen, auch wenn ihnen Steine in den Weg gelegt werden. Im Kampf gegen die Cancel Culture nutzen sie alle alternativen Möglichkeiten, die ihnen bleiben, um ihre Werke einer möglichst breiten Öffentlichkeit zugänglich zu machen.

1. Fotografie

Als die Maßnahmenpolitik im Frühling 2020 begann, war die Kulturbranche lahmgelegt. Aufgrund des verordneten Berufsverbots konnten Künstler ihren Beruf nicht mehr ausüben – außer den Fotografen. Denn das Leben spielte sich nicht mehr in Einkaufspassagen, auf Konzerten oder im Fußballstadium ab, sondern auf den stetig wachsenden Demonstrationen. Der Protest brachte die Menschen wieder zusammen, wobei Situationen entstanden, in denen sich in bildlicher Verdichtung wie in einem Brennglas nicht nur die Krise zeigte, sondern auch das wahre Gesicht des Staates. Da schlug die Stunde all jener, denen es gelang, die politisch-gesellschaftliche Veränderung mit ihrer Kamera festzuhalten. Als Chronisten dokumentierten sie brisante und symbolkräftige Momente, bemühten sich aber auch, ihre Bilder ästhetisch mit Botschaften aufzuladen. Viele dieser Produkte erschienen auf Blogs und Webseiten oder landeten in Privatarchiven, wo sie an jene Zeit erinnern, ohne je das Licht einer größeren Öffentlichkeit erblickt zu haben.

Einige Fotografen entschieden sich indes, ihre Arbeiten thematisch zu bündeln und in einem physischen Bildband zu verewigen. Einer von ihnen ist Marc Bernot aus Brandenburg. Seine 2023 im Klarsicht-Verlag erschienene Dokumentation in 176 Bildern trägt den treffenden Titel „Freiheit. Traum und Wirklichkeit". Damit deutet Bernot einen gesellschaftlichen Konflikt an, der sich in den Krisenjahren besonders auf Demonstrationen und Montagsspaziergängen offenbarte: Während die Bürger für Freiheitsrechte auf die Straße gingen, schränkte die Staatsgewalt sie ein, indem sie Versammlungen erschwerte, verbot beziehungsweise gewaltsam zerschlug. Bernot konzentrierte sich auf die Städte im Osten des Landes und fing die dort erlebten Szenen in Schwarzweiß ein. Die Bilder wirkten dadurch zeitlos, sagt er. Es gebe keine störenden Farben, die das Auge vom Wesentlichen ablenken: „Man konzentriert sich nur auf das, was man sieht." Diesen scharfen Blick hat er während seiner Tätigkeit als Fotoreporter ausgebildet. Seine Kamera holt er gerne dort heraus, wo sich Menschen tummeln – „weil sie meistens gute Motive garantieren".

Was ihn auf den Demonstrationen und Montagsspaziergängen in den Jahren 2021 und 2022 besonders beeindruckte, war die Kreativität der Teilnehmer. Vordergründig drückte sie sich auf Schildern und Transparenten aus, in witzigen Wortspielen und popkulturellen Anspielungen. „Höre zu, ich bin noch da!!! Dein Gewissen", lautet eine Botschaft, die Bernot mit der Kamera festgehalten hat. Eine andere verbindet Medienkritik und den Appell zum eigenständigen Denken: „Fernseher aus, Gehirn an", steht auf einem Schild, mit dem sich eine Frau gleich mehreren Polizisten entgegenstellt. Eine weitere Demonstrantin spielt mit frivoler Doppeldeutigkeit: „Wer wann was in mich reinspritzt, entscheide ich."

Die Kreativität der Demonstranten prägt Bernots Bildband ebenso wie das massive Polizeiaufgebot. Auf fast drei Vierteln der Fotografien sind behelmte Beamte in Montur zu sehen, die eine Drohkulisse aufbauen, indem sie beispielsweise einzelne Demonstranten einkesseln oder ihnen den Weg versperren. Bernots Bilder erzählen kurze, stumme Geschichten mit Protagonisten und Antagonisten. Das sind nicht nur Polizisten, sondern gelegentlich auch das Wetter, wenn über dem Menschenzug dicke Wolken aufziehen, mit denen sich das drohende Unheil anzukündigen scheint. Die bisweilen düstere Szenerie steht in deutlichem Kontrast zu den friedlichen Demonstrationsteilnehmern.

Der Fotograf aus Brandenburg war zu Beginn der Maßnahmenpolitik Vater geworden und musste zunächst diese private Veränderung bewältigen, bevor er 2021 Zeit fand, die gesellschaftlichen Umbrüche zu dokumentieren. Die frühe Phase der Protestbewegung im Frühling des ersten Corona-Jahres konservierte Alexander Heil unter einem ähnlichen Titel wie Bernots Werk: „Freiheit in der Krise". Auch dieser Bildband konzentriert sich auf Menschen, allerdings nicht auf Demonstrationsteilnehmer, sondern auf Persönlichkeiten, die sich zum damaligen Zeitpunkt in der außerparlamentarischen Opposition verdient gemacht hatten – Mediziner, Wissenschaftler, Journalisten, Publizisten, Anwälte und Ökonomen. Im Stil der inszenierten Fotografie lichtet Heil sie in ihrer Arbeitsumgebung ab und folgt ihnen teilweise bis in den privaten Raum. Mal sieht man die Protagonisten in Momenten der Kontemplation, mal im Augenblick der Freude.

Im Vorwort zum Bildband schreibt der Mediziner und ehemalige SPD-Politiker Wolfgang Wodarg von Menschen, die Mut machen, die gegen den Strom schwimmen und sich nicht haben täuschen lassen. Als mutige Menschen hebt Heil aber nicht nur die prominenten Maßnahmenkritiker hervor. Er zeigt auch die Demonstranten, allerdings in Farbe, mit Schwerpunkt auf den großen Berliner Kundgebungen am 1. und 29. August 2020. Auf den Bildern sind teils fröhliche, teils erschöpfte Teilnehmer zu sehen. Sie bewegen sich in der Menge, halten Schilder hoch und schwenken Fahnen. Breakdancer tanzen vor dem Sowjetischen Ehrenmal, eine bunte Truppe bildet umarmend einen Kreis und feiert. Die Momentaufnahmen geben wieder, was die Demonstrationen im ersten Corona-Sommer waren: überwältigende Friedensfeste.

Die Demo am 29. August 2020 steht im Mittelpunkt des Bildbands von Hannes Henkelmann aus Osnabrück. Das Buch ist wie ein Drama in drei Akten komponiert. Im ersten werden ausschließlich die Demonstrationsteilnehmer porträtiert, friedliche und fröhliche Menschen, die in die Kamera lächeln. Sie malen mit Kreide Bilder auf die Straße, campieren am Rande des Berliner Tiergartens, küssen sich, zeigen ihre Transparente. Dann kippt die Stimmung: Im zweiten Akt wechselt Henkelmann von Farbe zu Schwarzweiß. Auf den Motiven dominieren nicht mehr heitere, friedliche Demonstranten, sondern behelmte Polizisten. Sie formieren sich vor der Siegessäule,

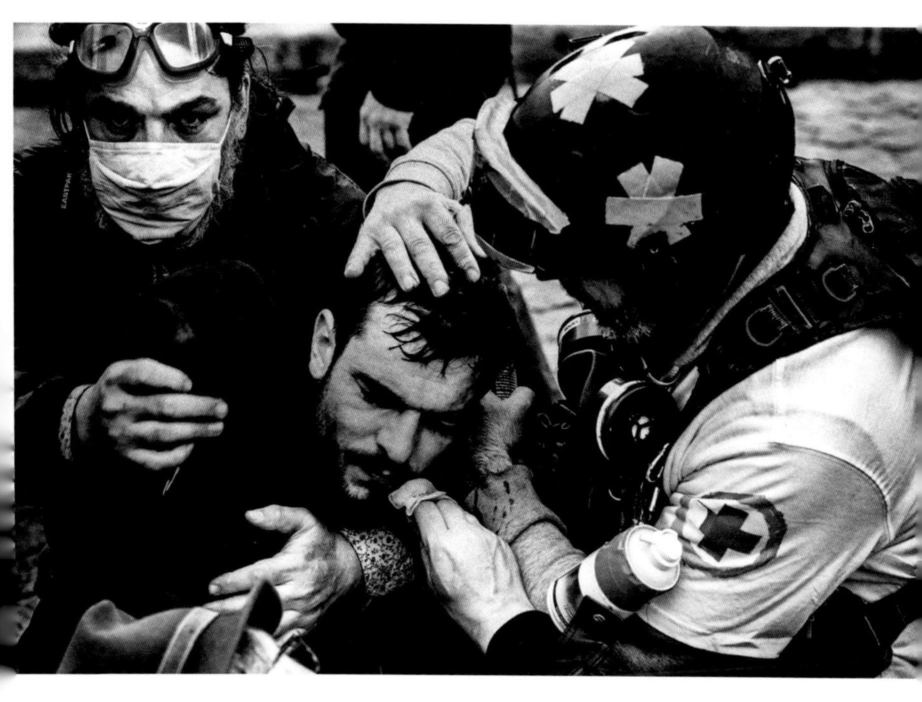

Sandra Doornbos

Helfende Hände

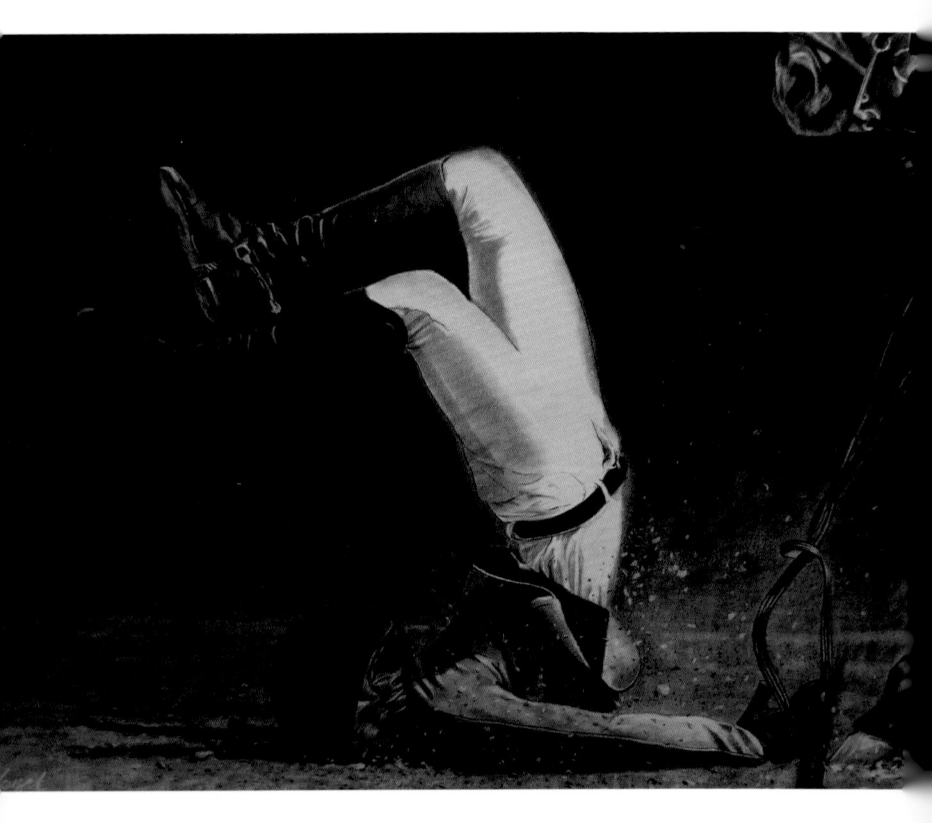

Clement Loisel

Die rote Linie

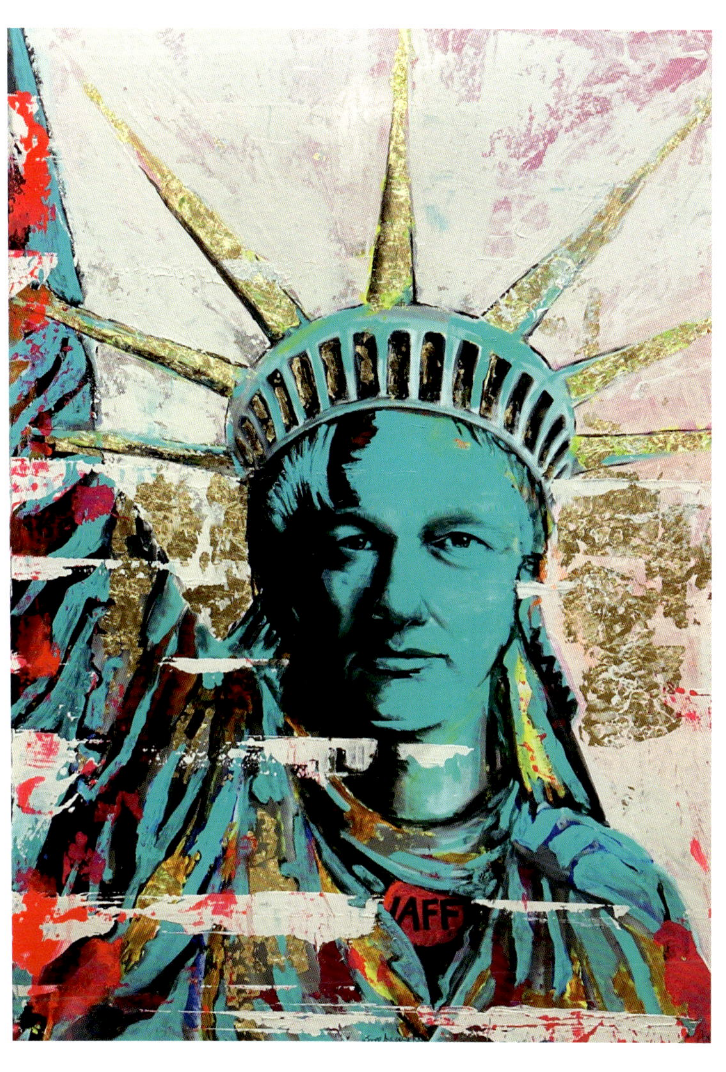

Andrè Kramer

Liberty is not a Statue

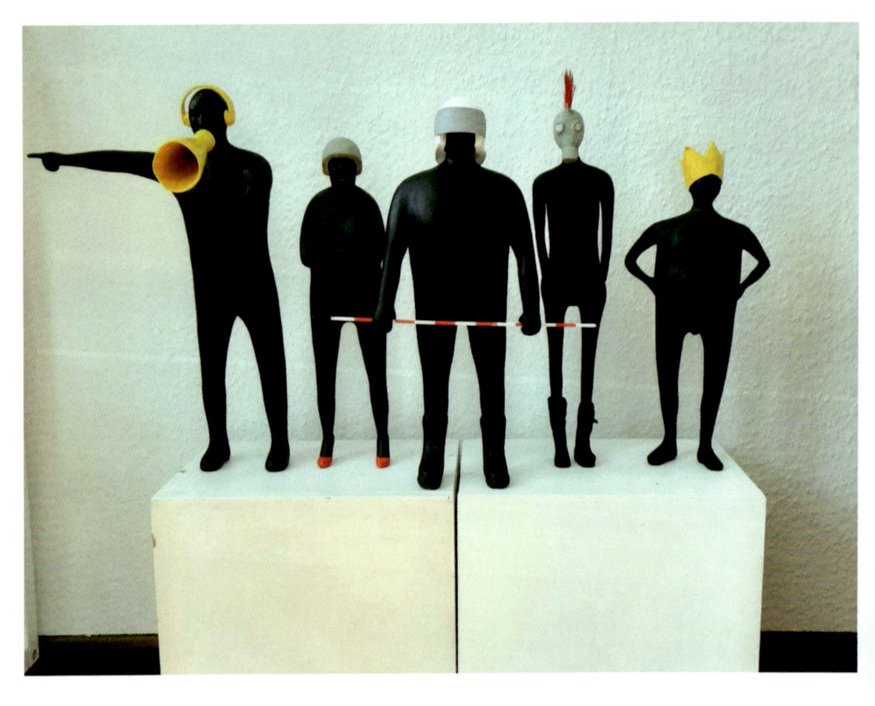

Kathrin Henneberger
Neue Helden

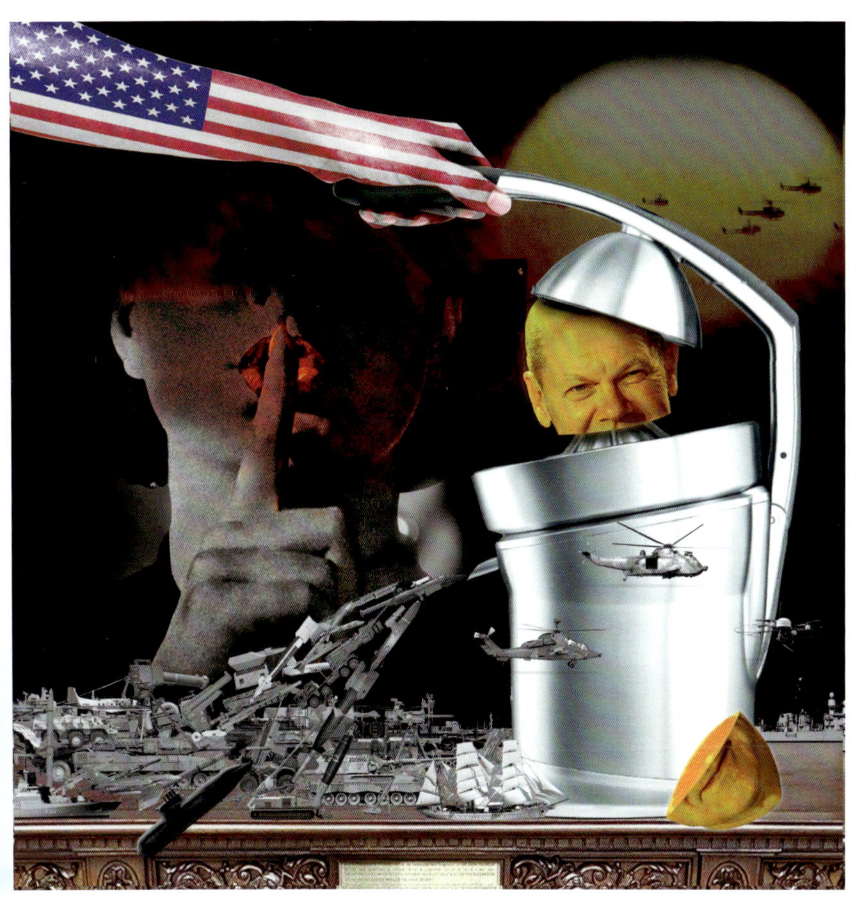

Jill Sandjaja
Er kann sich nicht erinnern

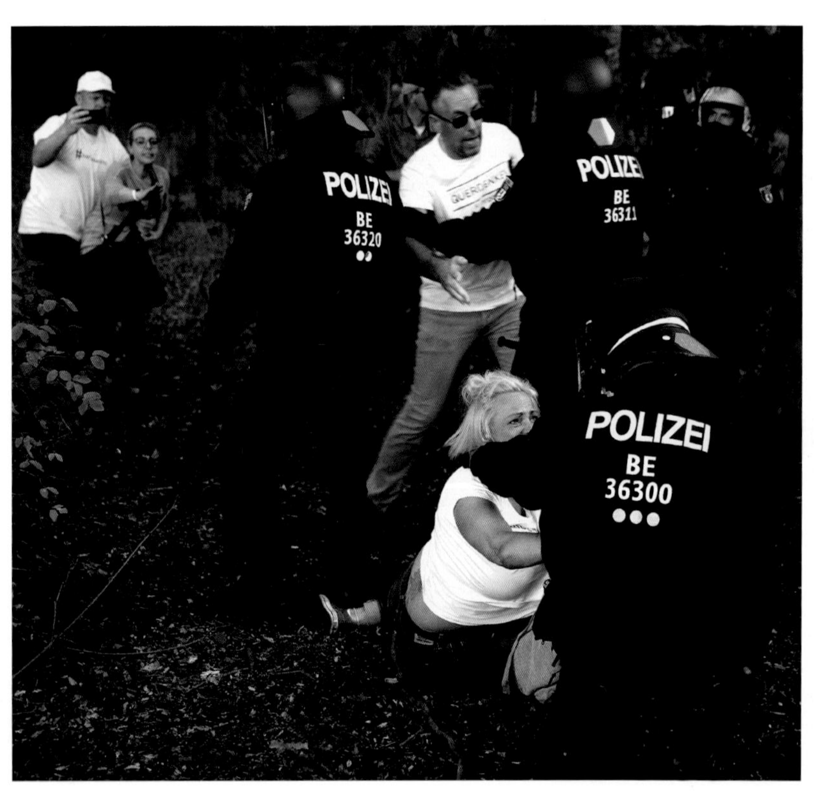

Hannes Henkelmann

Kein ganz normaler Einsatz

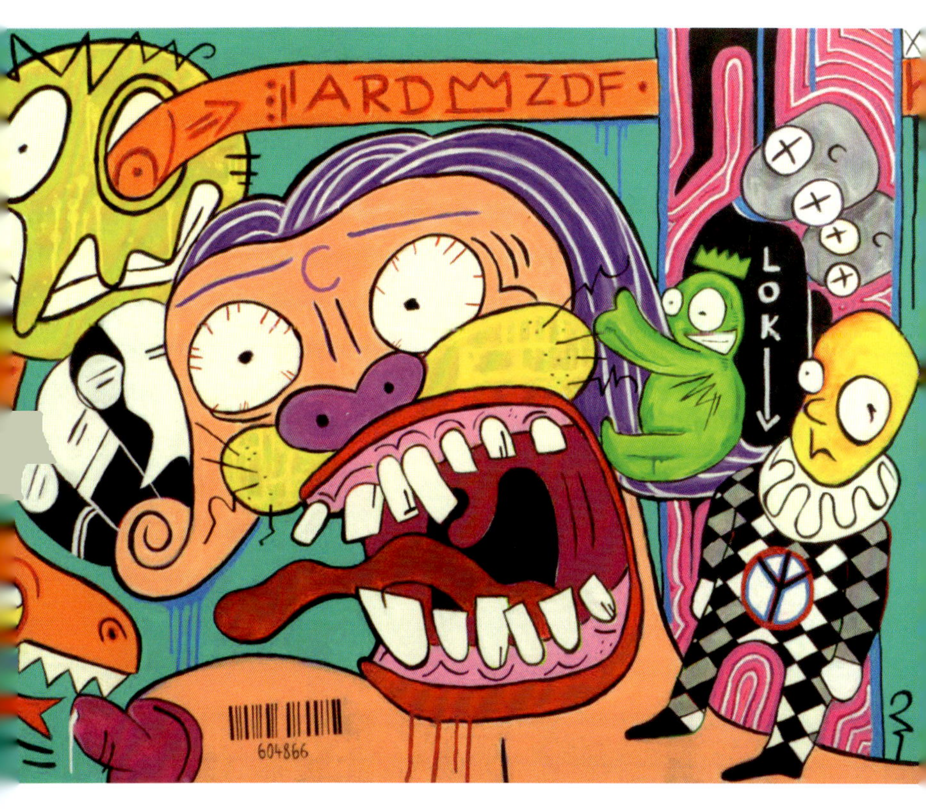

Michal Lezian
Lockdown

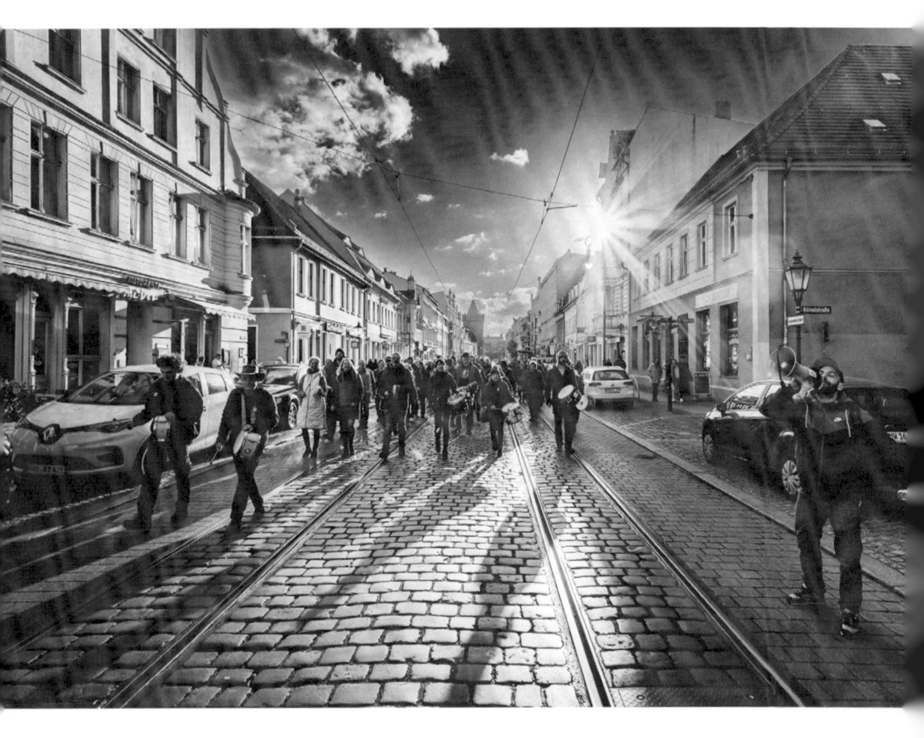

Marc Bernot

Wake up

marschieren gruppenweise in die Menge, starren grimmig in die Kamera und verbreiten Angst und Verwirrung unter den Demonstranten. In deren Augen spiegelt sich die Unsicherheit. Die Ordnung löst sich auf und geht in Chaos über.

Diese Phase nennt Henkelmann „Ruhe vor dem Sturm". Und dieser bricht am Folgetag aus, mit grellen Szenen der Gewalt. Die behelmten Polizisten nehmen Demonstranten in den Schwitzkasten. Sie werden rabiat weggetragen und auf dem Boden fixiert. Aus ihren Gesichtern strahlt die Wut. Schmerz und Ohnmacht verbinden sich zu einem durchdringenden Hilfeschrei. „Das Ende der Unschuld" heißt diese Gewaltorgie, die Henkelmann in ihrer ganzen Brutalität darstellt. Die Dramatik jener „Zwei Tage in Berlin", wie er sein Buch benannt hat, zeigt sich hier auf nur wenigen Seiten so präzise, dass man einen authentischen Eindruck vom Geschehen bekommt.

Ähnliche Großdemonstrationen fanden später auch in Leipzig, München, Kassel und Stuttgart statt. Dort schoss Martin Lopez seine Fotos. Wie viele Vertreter seines Berufs trieb ihn die Neugier auf das Geschehen und die Stimmung; er wollte sehen, wer an den Demonstrationen teilnahm. Waren diese Leute wirklich so „böse" und „feindselig", wie die Leitmedien behaupteten? Lopez fand stets einen Querschnitt der Gesellschaft vor. Seine ausdrucksstarken Farbbilder im Reportagestil wirken nicht gestellt oder idealisiert; sie zeigen, was war. Die Motive ähneln denen von Bernot und Henkelmann: friedliche Teilnehmer, Transparente, massive Polizeipräsenz.

Diese Elemente ziehen sich auch durch seine Demo-Serien, die er jedoch nicht als Buch, sondern auf der eigenen Homepage veröffentlicht hat – ebenso wie Sandra Doornbos aus der Gegend um Osnabrück, eine der wenigen Frauen, die die Proteste der letzten Jahre mit der Kamera dokumentiert haben. Wie ihre männlichen Kollegen konzentrierte sie sich auf Menschen, Botschaften und die Stimmung, allerdings mit künstlerischem Ansatz. Doornbos hält nicht das sofort Sichtbare fest, sondern wählt Motive, die eine gewisse Doppeldeutigkeit in sich tragen. Während ihre männlichen Kollegen das Grauen der Polizeigewalt so ungeschminkt wie nur möglich zeigen, will sie die positiven Aspekte hervorheben – nicht beschönigend, sondern stimulierend. Der Betrachter soll angeregt werden, seine Wahrnehmung mal in die eine, mal in die andere Richtung zu lenken.

Das Bild „Helfende Hände" etwa zeigt einen Demonstranten, der nach einem Reizgas-Einsatz der Polizei mit schmerzverzerrtem Gesicht am Boden liegt. Gewalt und Aggression werden hier nicht explizit zur Schau gestellt, sondern lediglich angedeutet. Der Betrachter kann aus der Mimik des Protagonisten erahnen, welche Szenen außerhalb des Bildrahmens das Geschehen bestimmen. Man sieht Hände, die aus allen Richtungen kommen, um dem Verletzten liebevoll zu helfen, sein Gesicht mit einem Tuch abwischen, Trost spenden, Schutz und Geborgenheit zu vermitteln versuchen. Die negative Aggressivität wird durch positive Aspekte überlagert. Im Mittelpunkt steht nicht die Polizeigewalt, sondern der Zusammenhalt der Demonstrationsteilnehmer.

Ein ähnliches Spiel mit der Wahrnehmung treibt Doornbos, wenn sie Menschen abseits des Geschehens in den Blick nimmt: Zunächst erscheinen sie als passive Beobachter, schauen aus dem Fenster, stehen am Straßenrand. Wer genauer hinschaut, erkennt in ihnen ebenfalls Teilnehmer. Sie schenken ein aufmunterndes Lächeln, tun mit den Händen ihre Solidarität kund, formen ein Victory-Zeichen. Damit prägen sie die Demonstration ebenso wie diejenigen, die beim Aufzug mitlaufen. Sie sind ein Teil von ihr, der nicht sofort als solcher wahrgenommen wird, aber im Prozess der Rezeption ins Bewusstsein rückt. In dieser Hinsicht wirken Doornbos' Bilder aktivierend. Ihre Botschaft offenbart sich erst, wenn die Betrachter von der reinen Darstellung abstrahieren.

Doornbos hat in den letzten Jahren nicht nur auf vielen Demonstrationen gegen die Corona-Politik in Deutschland fotografiert, sondern auch in Frankreich, wo 2023 Tausende Menschen gegen die Rentenreform von Präsident Emmanuel Macron demonstrierten. Im folgenden Winter hielt sie mit ihrer Kamera die deutschen

Bauernproteste fest und konzentrierte sich dabei auf die Transparente. In den Botschaften stecke der Zeitgeist, erklärt Doornbos ihren Beweggrund. Wer ihre Bilder in zwanzig Jahren anschaue, werde wissen, was damals gefordert worden sei. Die Fotoserie über die Bauernproteste hat sie auf ihrer Webseite veröffentlicht, ebenso die Arbeiten aus Frankreich. Ihre Bilder finden sich auch in den Katalogen der Internationalen Agentur für Freiheit (IAFF), einer Vereinigung unangepasster Künstler, der Doornbos seit ihrer Gründung angehört. Aus dem anfangs kleinen Kreis ist mittlerweile ein beachtliches Kollektiv geworden.

2. IAFF – Widerstand auf Leinwand

Obwohl Fotografen die erste Phase der Corona-Krise sehr intensiv verarbeiteten, war die bildende Kunst in der außerparlamentarischen Opposition lange Zeit unterrepräsentiert, weil ihr ein institutioneller Rahmen fehlte. Während Musiker und Kabarettisten auf YouTube Präsenz zeigten und bei meist illegal organisierten (Wohnzimmer-) Veranstaltungen auftraten, fiel es bildenden Künstlern schwer, eine breite Öffentlichkeit zu erreichen. Wer Bilder produziert hatte, konnte sie zwar auf der eigenen Homepage und über Social-Media-Kanäle publik machen, aber nicht vor einem anwesenden Publikum ausstellen. Als Plattform hierfür boten sich damals lediglich Kundgebungen an. Angelika Gigauri aus Kulmbach in Bayern war eine der ersten, die diese Chance ergriffen. Wer im Frühjahr 2021 mittwochs in Berlin am Potsdamer Platz vorbeiging, konnte ihre Zeichnungen betrachten. Sie hingen dort im Rahmen einer allwöchentlichen Mahnwache und sorgten für Aufmerksamkeit. Was die Passanten auf den Bildern sahen, war stets ein Kopf mit einem Virus als Krone. Gigauri hatte dieses Motiv in 49 Schwarz-Weiß-Zeichnungen variiert, das Haupt jedoch jeweils mit anderen Gedanken gefüllt.

Auf diese Weise verarbeiteten ihre Zeichnungen die gesellschaftliche und politische Lage jener Zeit und thematisierten Spaltung, Meinungsmanipulation, Angst und politische Widersprüche. Eines der Bilder zeigt beispielsweise den Kopf des damaligen Bundesgesundheitsministers Jens Spahn und zitiert dessen berühmte Aussage: „Man würde mit dem Wissen von heute, das kann ich Ihnen sagen, keine Friseure mehr schließen und keinen Einzelhandel mehr schließen." Kurze Zeit später wurde der zweite Lockdown verhängt. Spahn hatte sich als Lügner entpuppt, was auf Gigauris Bild zwei Pinocchio-Figuren rechts und links vom Kopf illustrieren.

Ihre Zeichnungen schuf die Künstlerin mit einem Pigment-Tuschestift im Format DIN A3. Die Arbeiten des ersten Corona-Jahres veröffentlichte Gigauri später in einem Bildband. Dort sind sie in Originalgröße zu sehen, für Kundgebungen wurden sie vergrößert. Die Mahnwache am Potsdamer Platz in Berlin war jedoch nicht die einzige Möglichkeit, Gigauris Bilder in der Öffentlichkeit zu betrachten. Während die Künstlerin sie hier auf der Straße an einer Wand aufreihte, hielt sie die Zeichnungen auf Demonstrationen und Spaziergängen in anderen Städten zusammen mit einigen Mitstreitern in die Höhe. „Kunstaktionen im öffentlichen Raum" nannte Gigauri solche Auftritte. Damit blieb sie lange Zeit allein, bis die Berliner Illustratorin Jill Sandjaja sich daran machte, mehrere bildende Künstler institutionell zu vernetzen und eine gemeinsame Ausstellung zu realisieren.

Die Idee entstand 2022 beim Besuch des Protestcamps vor dem Bundestag, wo sie Aytun Loisel traf, Managerin und Ehefrau des Malers Clement Loisel. Beide verstanden sich gut und beschlossen, ein etwas größeres Kunstprojekt auf die Beine zu stellen. Sandjaja, damals Redakteurin für die Zeitung Demokratischer Widerstand und dadurch mit den Fotografen Sandra Doornbos und Hannes Henkelmann in Kontakt, bemühte sich um weitere Mitstreiter und gründete zusammen mit Aytun Loisel und der Demonstrationsorganisatorin Susanne Köhler den Verein Internationale Agentur für Freiheit (IAFF). Im September 2022 fand die erste Ausstellung in der Berliner Musikbrauerei statt. Seitdem präsentiert das Kollektiv dort jährlich an mehreren Tagen seine Kunst, um sie einer breiten Öffentlichkeit zugänglich zu machen.

Die Zahl der Mitstreiter wächst stetig. Einige Künstler sind feste Vereinsmitglieder, andere nur assoziiert. Auch die Kataloge zu den Ausstellungen wurden entsprechend umfangreicher. Auf der ersten im September 2022 waren lediglich sechs Künstler vertreten, Sandjaja selbst präsentierte einige ihrer Collagen, in denen immer wieder prominente Politiker wie Angela Merkel, Olaf Scholz, Ursula von der

Leyen und Hillary Clinton zu sehen sind. Sandjaja stellt sie in „ihrer natürlichen Umgebung“ dar, wie sie selbst sagt. Diese „natürliche Umgebung“ sind nicht etwa offizielle politische Institutionen wie Bundestag oder Kanzleramt, sondern Orte, an denen die eigentlichen Entscheidungen getroffen werden, an denen die „Volksvertreter“ ihre Masken fallenlassen und sich verhalten, als wären sie unbeobachtet – gerne auch fiktiv und symbolisch. Auf der Collage „UUUPSI“ etwa stoßen Hillary Clinton und Angela Merkel in Raumfahrtanzügen auf dem Mond mit Sekt an, während hinter ihnen die Welt in Flammen steht.

Eine andere Arbeit zeigt Olaf Scholz im Kontext der US-amerikanischen Kriegspolitik. Sein Kopf ist zweigeteilt, die obere Hälfte liegt auf einer Zitronenpresse, umgeben von diversen Waffengattungen: Hubschrauber, Raketen, Panzer, Haubitzen. Im Hintergrund hält eine Frau den Zeigefinger vor die geschürzten Lippen. Die Aufforderung zum Schweigen gilt Scholz – sollte er sie nicht befolgen, so die implizite Warnung, wird die Hand in den Farben der US-Flagge den Hebel der Zitronenpresse nach unten drücken. „Er kann sich nicht erinnern“ heißt dieses Bild, das in seiner Botschaft so unverblümt und anklagend ist wie alle Collagen, die Sandjaja meist digital am Computer erstellt. Sie verwendet dazu Archivmaterial und selbstbemalte Bilder. Hin und wieder collagiert die Berlinerin auch analog und verklebt die Schnipsel unter Epoxidharz. Im Original sind ihre Bilder meist 60 mal 60 cm groß. Die Künstlerin bezeichnet sie als „Gegenpropaganda“, als „Widerstand auf Leinwand“.

Ein ähnliches Verständnis von Kunst hat Clement Loisel: Für ihn muss sie sozialkritisch sein, sich einmischen und die gesellschaftspolitischen Verhältnisse reflektieren. Seine Aufgabe als Künstler sei es, „den Staub unter dem Teppich offenzulegen“, sagt er. Loisel versteht sich als Wanderer, als Beobachter und Chronist, der den Zustand der Welt so dokumentiert, dass Betrachter seiner Gemälde zum Nachdenken angeregt werden. Diese Einstellung hat er selbstreflexiv in einer Serie verarbeitet: Auf jedem Bild tritt Loisel in der

Rolle des Reisenden auf, mit Koffer und der immer gleichen Kleidung. Was sich ändert, ist die Umgebung, in der er sich inszeniert. Mal begibt er sich in eine zerbombte Straße in Gaza, mal in den Louvre, wo eine Gruppe von Schulmädchen auf ihre Smartphones starrt, anstatt Delacroix' „Die Freiheit führt das Volk" zu betrachten.

Loisels Werke stehen sinnbildlich für die gegenwärtige Zeit und ihre gesellschaftliche Mentalität, meist allegorisch und nicht immer leicht zu entschlüsseln. Gelegentlich liefert der Titel einen Hinweis, welche Botschaft das jeweilige Gemälde trägt, so etwa eine weitere Bilderserie, mit der der Berliner bei der ersten IAFF-Ausstellung vertreten war. Protagonisten sind hier ein Jockey und ein Pferd, allerdings als Antipoden – das Tier bringt den Reiter immer zu Fall. Auf den Bildern hängt er entweder in der Luft oder landet hart auf dem Boden. In dieser Motivreihe repräsentiert das Pferd das Volk, während der Jockey für das System, die Machthaber steht. „Es handelt sich um eines der wenigen Tiere, die man reiten und somit ganz direkt lenken und steuern kann", erklärt Loisel. „Gleichzeitig steckt in Pferden sehr viel Menschlichkeit." Das Tier verkörpere für ihn Freiheit, die der Jockey zügeln und aufs Mindeste beschränken will, indem er es unter anderem im Namen der „Solidarität" dressiert.

Obwohl Loisel einige dieser Bilder bereits lange vor Corona schuf, wirken sie heute aktueller denn je. Eines ist jedoch während der Zeit der drakonischen Freiheitseinschränkungen entstanden: „Die rote Linie". Auf der Kohlezeichnung hält das Pferd an der titelgebenden Markierung abrupt an und lässt den Jockey kopfüber unsanft landen. Bis hierher und nicht weiter, lautet die Aussage. Das Volk lässt es nicht zu, dass die Politik weitere Grenzen überschreitet. In einer weiteren Serie, der „Frühling-Sommer-Kollektion", setzt Loisel sich mit der zunehmenden Überwachung durch staatliche Organe auseinander. Zu sehen sind Kameras mit unterschiedlichen Blümchenmustern – eine Anspielung, die der Künstler so erklärt: „Um die wachsende Überwachung und Kontrolle dem Volk schmackhaft zu machen, greift der Staat zu den Mitteln der Modebranche. Er präsentiert die

Maßnahmen in einem schönen Kleid, damit sie akzeptiert werden."

Während Loisel mit Kohle und Ölfarben arbeitet, malt Michal Lezian hauptsächlich in Acryl, verwendet manchmal zusätzlich Ölkreide oder greift zur Sprühdose. Seine grellen, glänzenden Bilder lassen Einflüsse aus der Graffitikunst erkennen. So bunt wie die Farben sind auch die Geschichten, die Lezian auf der Leinwand erzählt, im Comicstil und sehr detailreich. Seine Gemälde zeigen viele einzelne Szenen, die einerseits voneinander losgelöst und andererseits in einem größeren Kontext gelesen werden können. Häufig finden sich Bezüge zur Hip-Hop-Kultur, sei es anhand urbaner Architektur oder Graffiti. Die Wurzeln dieser Bildersprache liegen in Lezians Kinder- und Jugendzeit, die ihn auch als Maler geprägt hat. Der in Polen geborene und in Berlin lebende Künstler wuchs mit Comics und Hip-Hop auf, deren Energie ihn dazu inspirierte, Sozialkritik kreativ auszudrücken. Was ihm gefiel, war der Wunsch nach Veränderung, der rebellische Impetus und der Mut zur Konfrontation: „In der Anfangszeit des Hip-Hop hat man sich noch getraut, den Mund aufzumachen. Die Botschaften wurden kunstvoll in Rap-Songs transportiert oder auf Züge gesprüht." All das vermisst er heute: „Die Hip-Hopper der Gegenwart sind nur noch auf einem Egotrip. Musikalisch kreisen sie um sich selbst." Für Lezian enthalten die Songs keine Botschaften mehr, genauso wenig wie die heutigen Graffiti im urbanen Raum, die mehr Schmierereien als Kunst seien.

Wenn er in seinen Bildern Bezüge zum Hip-Hop herstellt, dann rückt er das in den Vordergrund, was diese Kultur einst ausmachte – als Appell, wieder kritisch zu werden und gegen Missstände aufzubegehren in einer Zeit, in der demokratische Werte mit Füßen getreten werden. Lezian selbst nimmt diese Entwicklung ernst und hat sie in mehreren Bildern verarbeitet, um ein Umdenken zu bewirken. Sie tragen Titel wie „Widerstand", „Was ist mit dem Nürnberger Kodex?" und „Lockdown". Letzteres thematisiert die Maßnahmenzeit unter dem Aspekt der Medienmanipulation und der dadurch hervorgerufenen Angst. Zu sehen ist eine Schlange, beschriftet mit „ARD" und „ZDF“, die sich durch das Auge eines Comic-Gesichts zieht. Sie symbolisiert Hinterlist und Unaufrichtigkeit. „Schlangen sind falsch“, sagt Lezian, „so wie die Medien. Während der Corona-Zeit haben sie mit der Bevölkerung ein falsches Spiel gespielt.“ Das Resultat zeigt er auf seinem Bild in verschiedenen Szenen: Eine panische Comicfigur repräsentiert all jene, die sich von der Hysterie anstecken ließen und wutschnaubend gegen Maßnahmenkritiker vorgingen. Zwei graue Gesichter rechts oben, am Strick hängend, erinnern daran, dass viele Verzweifelte Suizid begingen, weil sie die politischen Restriktionen und das repressive gesellschaftliche Klima nicht länger ertrugen.

Seine Bilder seien unterschiedlich interpretierbar, sagt Lezian: „Je nachdem, wie man zum Thema steht, liest man auf ihnen eine jeweils andere Geschichte.“ Er nahm an der zweiten IAFF-Ausstellung im September 2023 teil, ebenso wie das assoziierte Mitglied Rudolph Bauer, der allerdings nicht im Katalog vertreten war.

Seine Bildmontagen finden sich jedoch im Programm des *pad*-Verlags, wo der Künstler aus Bremen mehrere Bände veröffentlicht hat, die sich auf provokante und satirische Weise mit der Maßnahmenpolitik auseinandersetzen. Sein Hauptmotiv ist das damals neue Phänomen „Mund-Nasen-Schutz“. Bauer variiert es, versieht es mit schriftlichen Botschaften und stellt collagenhaft geschichtliche Bezüge her. Mal kommt eine medizinische Maske zum Einsatz, mal lediglich Stoff aus dem Reservoir häuslicher Textilien. „Wat mutt, dat mutt!“, steht auf einem Exemplar einer älteren Dame, die den „Untertanengeist“ verkörpert. In einer Bildmontage erscheint Thüringens Ministerpräsident Bodo Ramelow als Heinrich Manns „Untertan“, der vor einem Kavalleristen mit Pickelhaube eine Maske trägt und den Eindruck erweckt, er würde hervorragend in die Zeit um 1900 passen.

Der Mund-Nasen-Schutz ist in Bauers Arbeiten einerseits Symbol der Unterwerfung, andrerseits Charaktermaske, die das wahre Wesen einer Person verschleiert. Diesen Aspekt unterstreicht der Künstler, indem er Prominente aus dem Kreis der Obrigkeit in den Mittelpunkt seiner Werke stellt. Auf einer Bildmontage teilt er den Kopf von Bill Gates und lässt die beiden Hälften spielerisch mit denen von Angela Merkel und Christian Drosten verschmelzen. Bauer demaskiert hier sozusagen die medial omnipräsenten Entscheidungsträger, indem er ihnen eine weitere Maske aufsetzt, die deren wahren Charakter offenlegt.

In den frühen Bildmontagen dominiert der Mundschutz, spätere thematisieren die Impfkampagne. Mit der Spritze als Motiv gestaltet Bauer teilweise bekannte Kunstwerke um. Auf einem Gemälde von Pieter Brueghel dem Älteren etwa wird sie zum Vogelschnabel, in einer Arbeit von Emil Nolde erscheint sie als Heilsbringer. „Bildmontagen intervenieren, korrigieren und verändern das Bestehende", beschreibt Bauer das Wesen dieser Kunstgattung. Sie provozierten und nähmen Stellung, „teils kritisch, teils parodistisch, satirisch und karikaturenhaft, teils auf heiter-spielerische Art, in ironischer Verkehrung". Sie sollen die gesellschaftlichen Verhältnisse in Zweifel ziehen und dazu herausfordern, „das, was existiert, nicht unwidersprochen hinzunehmen".

Dies gilt besonders für den Abbau der Freiheitsrechte im Zuge der Corona-Krise. Bei der zweiten IAFF-Ausstellung 2023, auf der Bauer seine Arbeiten präsentierte, stand dieses Thema im Mittelpunkt. Die Malerin Ania Hardukiewicz verarbeitete es in einer Bilderreihe unter dem Titel „Neue Freiheit". Der provokant-ironische Ton hallt in den Motiven nach. Zu sehen sind Mädchen und Frauen, die ein Eis in der Hand halten, mit Sonnenhut zum Strand gehen, in einem aufblasbaren Schwimmring auf dem Meer treiben. Die Urlaubsszenerie und der weite Horizont des Ozeans symbolisieren Freiheit, die sich jedoch als pervertiert erweist, weil die Frauen mit Maske ins Wasser steigen beziehungsweise durch ein Absperrband daran gehindert werden, den Strand zu betreten. Die Störelemente sollen den Betrachter irritieren: Was sich dem Auge zunächst als schön darbietet – Sonne, Meer, Strand, das Urlaubsfeeling –, wird durch sie gebrochen, als oberflächlicher Schein entlarvt, nicht nur in der gegenständlichen Wahrnehmung, sondern auch auf der abstrakten Ebene in Bezug auf den Begriff „Freiheit". In der „neuen Normalität" erscheint sie nur aus der Ferne intakt. Wer genauer hinschaut, entdeckt Risse, Verzerrungen und Flecken.

Hardukiewicz ist seit 2004 als bildende Künstlerin freischaffend tätig. Ihre Acrylwerke beginnen meist mit Zeichnungen oder Skizzen, die sich nach und nach in mehreren lasierenden Schichten entfalten. Gelegentlich konturiert sie ihre Motive zusätzlich mit Kreide. Lange vor Corona setzte sich die gebürtige Polin zeitkritisch mit dem Irak- und Afghanistankrieg auseinander und musste feststellen, dass bestimmte Themen in der Kunstwelt unerwünscht sind. Die Werke dürfen politisch sein, aber eben nicht zu politisch, erfuhr Hardukiewicz während ihres Studiums in Düsseldorf, als ihr ein Professor verbot, eines ihrer Bilder auszustellen.

Heute bestimmt die Cancel Culture die Kunst weitaus stärker als damals, insbesondere wenn es um die Kriege in der Ukraine und dem Nahen Osten geht. Um sie drehte sich die dritte Ausstellung der IAFF im April 2024. Unter dem Motto „Make Art not War" präsentierte unter anderem André Kramer seine Bilder. Der Maler aus Berlin ist so etwas wie die Personifikation dieser Botschaft. Als junger Mann erklärte er sich nach dem Wehrdienst bereit zu einem Militäreinsatz im Kosovo, wo sich das Grauen des Krieges in allen Facetten zeigte. Seitdem bemüht er sich auch in seiner Kunst, die Aufmerksamkeit auf andere Aspekte des Lebens zu lenken. „Alles ist schöner als Krieg", sagt er. „Bevor du dich für Waffengewalt entscheidest, mach lieber Kunst." Das macht Kramer seit über zwanzig Jahren und widmet sich dabei kritisch heiklen Themen, etwa dem Fall Julian Assange und dem Phänomen Krieg.

Mit einer anderen Form des Krieges setzt sich Kathrin Henneberger auseinander – dem Krieg gegen den Verstand, gegen Traditionen und gegen alles, was bis zur Corona-Krise als selbstverständlich galt. Geführt werde dieser Krieg durch die Umdeutung von Werten, sagt die Berliner Künstlerin. In der medialen Wirklichkeit zeige er sich unter anderem in der Definition von Helden: Waren dies früher einmal Freiheitskämpfer wie Nelson Mandela, Friedensbotschafter wie John Lennon und Reformer wie Michail Gorbatschow, so sind es heute meist entkernte Typen, die als Kollektiv lediglich eine Funktion repräsentieren – Faktenchecker, Experten oder auch Polizisten, deren größte Heldentat während der Corona-Krise darin bestand, mit dem Zollstock durch die Reihen der Demonstranten zu laufen.

Diese und andere „Neue Helden“ hat Henneberger in einer Skulpturengruppe dargestellt, ironisch und mit vielen Details, die ihr (eigentliches) Wesen auf den Punkt bringen und entlarven. Eine der Figuren etwa trägt einen Irokesenschnitt – wer sich dahinter verbirgt, verrät der Titel: „Der Anti-Lumpenpazifist“ bezieht sich auf Sascha Lobo und dessen markante „Punk“-Frisur. Der Journalist trägt damit eine Attitüde zur Schau, die aus seinem publizistischen Wirken gänzlich verschwunden ist. Er begehrt nicht etwa gegen die Herrschenden auf, sondern redet ihnen nach dem Mund, als greller, lauter „Vorkämpfer“, indem er zum Beispiel alle, die den Kriegskurs der Regierung kritisieren, als „Lumpenpazifisten“ beschimpft. Der nonkonformistische Typus des Punks, den Lobo mit seinem Irokesenschnitt darstellt, ist vom gesellschaftlichen Außenseiter zum „Helden“ aufgestiegen, der nicht mehr gegen die Herrschenden rebelliert, sondern im Stechschritt mitläuft. In dieser Umdeutung der Verhältnisse und Verhaltensweisen zeigt sich der Krieg gegen die Gesellschaft, auf den Henneberger mit ihrer Skulpturengruppe aufmerksam machen will.

Die Plastiken entstehen durch ein Verfahren, bei dem fein gemahlenes Papier über einen Drahtkern aufgeschichtet wird. Als Stabilisator dient Leim. Diese Technik macht Hennebergers Werke so individuell wie eine andere Arbeitsweise die Bilder von Raymond Unger. Der Berliner Künstler hat seit 2004 eine Maltechnik entwickelt, die sich dadurch auszeichnet, dass die Farbe mit einem Malerspachtel aufgetragen wird. Manche Konturen wirken wie ausradiert oder sind bewusst breiter gezogen. Im Rahmen der IAFF-Ausstellung präsentiert Unger seine Bilder seit der zweiten gemeinsamen Veranstaltung. Zu sehen sind meist Menschengruppen, wobei manche Motive wie verfremdete Familienporträts anmuten. Kinder und Eltern scheinen in die Kamera zu blicken, mit aufgezogenen Medizin- und Gasmasken oder Knebelbällen, mit denen in der BDSM-Szene sogenannte Subs oder Sklaven zum Schweigen gebracht werden. Unger überträgt diese Verhaltensweise im Kontext der Corona-Politik von der sexuellen auf die gesellschaftliche Ebene. Auf einem anderen Gemälde zum Thema Krieg stehen drei Soldaten nebeneinander, ebenfalls so, als posierten sie für einen Fotografen. Einer von ihnen formt mit den Händen demonstrativ ein Herz.

Nicht weniger individuell ist die Kunst von Matthias Fitz. Der Berliner hat sich auf Video- und Klanginstallationen, einkanalige Videoarbeiten und Fotografie spezialisiert. Dabei konstruiert er interaktive kybernetische Systeme und arbeitet mit elektronischen und gesellschaftlichen Störsignalen. Bei der dritten IAFF-Ausstellung etwa ließ er in einer Video- und Klanginstallation die Konterfeis einiger „Pandemie"-Protagonisten jeweils auf einem Fernsehbildschirm flimmern.

Oliver Sperl präsentierte auf dieser Ausstellung seine digitalen Collagen. Der Berliner Grafikdesigner und Illustrator bezeichnet sie als tagesaktuelle Karikaturen, in denen politische Figuren und Vorgänge ins Lächerliche gezogen werden – für ihn bietet das die Möglichkeit, seine eigene Wut zu kanalisieren. Die gesellschaftliche und politische Entwicklung der letzten Jahre habe ihn derart verärgert, sagt der Künstler, dass er entgegenwirken wolle, mit feinem, hintergründigem Humor. Sperl spielt gerne mit Zitaten aus dem popkulturellen Fundus; es ist also ein gewisses Vorwissen erforderlich, um seine digitalen Collagen zu verstehen. Manche indes sind leichter zugänglich, etwa wenn sich der Künstler auf aktuelle Aussagen der Grünen bezieht. Vor der letzten Bundestagswahl hatten diese auf ihren Plakaten versprochen, keine deutschen Waffen in Kriegsgebiete zu senden. Nachdem die Grünen Teil der Regierungskoalition geworden waren, brachen sie dieses Versprechen. Sperl erinnert daran, indem er auf einer seiner digitalen Collagen Angela Merkels berühmten Ausspruch umformuliert: „WIR WAFFEN DAS" steht auf dem Bild, das ein Grünen-Plakat imitiert und Annalena Baerbock mit Militärhelm und FFP-2-Maske zeigt. In einer anderen Collage nimmt Sperl die rhetorischen Patzer der Außenministerin aufs Korn. „Kriegsverbrecherin Baerbock" steht da. Das „b" in der Mitte ist jedoch durchgestrichen und zu „sp" korrigiert – so wird aus der „Kriegsverbrecherin" eine „Kriegsversprecherin". Das Spiel mit der Mehrdeutigkeit prägt Sperls Kunstwerke ebenso wie der skizzenhafte Zeichenstil, der ihnen eine grobkörnige Ästhetik verleiht. Zu seinen Vorbildern gehören John Heartfield und George Grosz, die Pioniere der politisch-zeitkritischen Collagetechnik. Nur die Übertreibung sei wahr, zitiert Sperl den Philosophen Theodor Adorno. Das gelte auch für seine Zeichnungen: Sie seien Übertreibungen von Menschen und gesellschaftlichen Zuständen.

Im Unterschied zu Sperls tagespolitischem Fokus zielt die Kritik des Künstlers Arndt Nollau auf das gesamte gesellschaftliche und politische System. Das beginnt bereits bei der „Farbgebung": Nollau zeichnet überwiegend in Schwarzweiß, mal mit Bleistift und Acrylmarker, mal mit Tusche und Liner. Auch in der allgemeinen Denkweise, sagt der Chemnitzer Künstler, gebe es oft keine Grautöne. In seinen Zeichnungen will er sie aufzeigen, formal und inhaltlich, und so Möglichkeiten eröffnen, abseits von Polarisierungen zu denken und aus dem System auszubrechen. Auf der dritten IAFF-Ausstellung präsentierte er unter anderem das Bild „Die Angstmaschine". Zu sehen ist ein kleines Mädchen, hinter dem eine riesige futuristische Technikkonstruktion aus vielen kleinen und großen Bildschirmen hängt. Der in Ballform auftretende Leviathan mit einem Auge in der Mitte symbolisiert die Leitmedien. Für Nollau sind sie ein Instrument des Systems, das Angst erzeugt und die Massen lenkt. Das Mädchen auf dem Bild steht für die junge Generation von heute, der diese Maschine die Zukunft verweigert. Allerdings gibt es eine Möglichkeit, dem entgegenzuwirken, deutet Nollau in seiner Zeichnung an: Das Mädchen hält in der rechten Hand einen großen Hammer, mit dem es den zentralen Bildschirm der Angstmaschine zerschlagen hat, wie sich aus den Scherben schließen lässt. Es ist der erste Schritt des Widerstands, zu dem der Künstler allegorisch ermutigt.

„Der Spaltkeil" enthält keinen normativen Aspekt, sondern bleibt rein deskriptiv und zeigt eine Technik der Machtausübung: Ein in feinen Zwirn gekleideter Mann treibt mit dem Vorschlaghammer einen Keil in einen Baum. Auf dem gespalteten Holzstück stehen rechts und links der Demarkationslinie Begriffspaare wie „Geist/Körper", „Gesund/Krank" und „Reich/Arm". Auf dem Keil sind die Wörter „Politik" und „Religion" zu lesen. Der mit dem Hammer hantierende Herr, so die Botschaft, repräsentiert die Hochfinanz und nutzt sowohl Politik als auch Religion, um die Gesellschaft zu spalten und sie so besser kontrollieren zu können.

Das Motiv des von oben gesteuerten Menschen zieht sich durch Nollaus Werk und taucht auch in dem Bild „Wir sind nur Batterien" auf. Der Künstler rekurriert hier auf die „Matrix"-Trilogie und insinuiert, dass die Menschen an der Basis der Systempyramide über ihre Bedürfnisse hinaus produzieren, für Höhergestellte, die mit den dadurch entstehenden Möglichkeiten verantwortungslos umgehen. Es ist, wie bei Nollau, auch für Henneberger ein Krieg gegen die oder vielmehr innerhalb der Gesellschaft: Oben gegen Unten, Reich gegen Arm.

Laut der Berliner Künstlerin Aro nimmt der Themenkreis Krieg und Frieden in der gegenwärtigen Kunst deshalb so viel Raum ein, weil er neben den alles überragenden Themen Leben und Tod zahlreiche weitere Aspekte enthält, die aktuell große Tragweite haben – etwa Freiheit und Selbstbestimmung. Seit 2022 widmet sie diesem Thema ihre ganze kreative Kraft. In ihren Werken variiert sie meist das Motiv einer Friedenstaube – in Acrylgemälden, Zeichnungen, Karikaturen und Collagen. Angelehnt ist ihre Arbeit an Art Nouveau und Jugendstil. Die Friedenstaube wird meist im Zentrum dargestellt, gelegentlich kommen andere Symbole hinzu, zum Beispiel aus der keltischen Ornamentik. Das gefiederte Tier in der Mitte bricht aus einem Käfig aus, küsst eine andere Taube oder bedeckt einen Panzer mit Kot, auf dem Blumen wachsen.

Aros Bildersprache ist ikonographisch und deshalb leicht verständlich, auch wegen der universellen Symbole, die Menschen aus allen Kulturkreisen kennen. Die Friedenstaube, das geht bereits aus der Bibel hervor, steht ursprünglich für ein Friedensversprechen zwischen Gott und den Menschen, einen Neuanfang, für die Überwindung sündhaften Verhaltens und die Einladung zu einer positiven Transformation. Diese Botschaft will Aro mit ihren Bildern senden und anregen, gerade in der derzeitigen Kriegssituation darüber nachzudenken, ob gewaltsame Auseinandersetzungen wirklich zum Frieden führen können.

Mit solchen Fragen beschäftigte sich die in der DDR sozialisierte Künstlerin bereits in der Wendezeit, als noch der sogenannte Kampf der Systeme tobte. Die Antwort lieferte sie schon damals in einer symbolischen Bildersprache. Auf einem ihrer frühen Werke stehen auf einem Weltglobus zwei Menschen, die an beiden Enden einer Kette aneinandergebunden sind. Die Szene wirkt, als veranstalteten sie ein Tauziehen, lässt aber auch die Deutung zu, dass die beiden das Gleichgewicht halten müssen, um nicht gemeinsam zu fallen. Die Botschaft dieser Allegorie: Menschen können nur dann in Freiheit leben, wenn sie kooperieren. Sobald sich jemand in einen Kampf begibt, schadet er sich selbst. Es droht der Verlust des Gleichgewichts, der letztlich zum Verlust der eigenen Freiheit führt.

Zwischen der Situation um 1990 und der gegenwärtigen Krisenzeit gibt es gewisse Parallelen, findet Aro. Deswegen griff sie nach langer Schaffenspause erneut zu Pinsel und Fineliner, um das Thema Krieg und Frieden zu verarbeiten – mit formal anderen Mitteln als damals. Die neuen Bilder wurden auf der dritten IAFF-Ausstellung präsentiert, ebenso wie Werke von Kuno Ebert, Marie Finkl, Dominik Dragos Pohludka und Siggi von Vril. Sie alle folgten einem Open

Call und bewarben sich mit ihren Arbeiten, um an der „Make Art not War"-Veranstaltung teilzunehmen. So will die IAFF auch bei zukünftigen Ausstellungen verfahren. Über Ausschreibungen sollen Künstler angesprochen werden, die unangepasst sind und die heutige Zeit kritisch dokumentieren.

3. Karikaturen, Comics, Cartoons

Wenn von unangepasster Kunst die Rede ist, dürfen Karikaturen als bildhafte Form der Satire nicht fehlen. Die bewusst überzeichnete Darstellungsweise hebt den Kontrast zur Realität hervor und macht diese dadurch erst sichtbar. Karikaturen haben oft einen politischen Hintergrund und nehmen Stellung zu aktuellen Ereignissen, indem sie Mängel der dargestellten Personen und Widersprüche in der Gestaltung des öffentlichen Lebens auf ironisch-sarkastische Weise zeigen. In Zeiten wie diesen müsste das Genre eigentlich florieren. Allerdings sind es nicht die Karikaturen in Zeitungen und Magazinen aus großen Medienhäusern, die auf gesellschaftliche Fehlentwicklungen hinweisen und die Obrigkeit satirisch angreifen, sondern Werke von Künstlern, die mit Veröffentlichungen außerhalb des Mainstreams Aufmerksamkeit erregen.

Seit Beginn der Corona-Politik hat sich auch in diesem Bereich eine vielfältige alternative Szene herausgebildet. Als einer der ersten trat Bert Hochmiller hervor. Der Berliner Grafikdesigner fing im Juni 2020 an, beinahe täglich Karikaturen, Memes und Cartoons zu produzieren, um die gängigen Narrative sowie „Pandemie"-Protagonisten wie Bill Gates, Christian Drosten und Karl Lauterbach durch den Kakao zu ziehen. Ursprünglich war die satirische Auseinandersetzung mit dem damaligen gesellschaftlichen Wirrwarr als „eine Art Selbsttherapie" gedacht, erinnert sich Hochmiller. Sie sollte helfen, angesichts der bedrückenden Stimmung nicht die Lebenskraft zu verlieren. Dann aber entwickelten sich seine Arbeiten zu Selbstläufern. Hochmiller veröffentlichte sie in sozialen Medien und stieß damit auf große Resonanz. Seine Karikaturen, Memes und Cartoons wurden geteilt, mit Likes bedacht und kommentiert. Das ermutigte ihn, seine Werke in einem eigenen Telegram-Kanal unter dem

Titel „Pandemimimi“ zu veröffentlichen. Das macht er bis heute. Zwischenzeitlich brachte er unter dem gleichen Titel zwei Bücher mit den jeweils besten Arbeiten der vorhergehenden Jahre heraus.

Auch Hochmiller spielt in seinen kleinen Werken gerne mit popkulturellem Wissen, indem er auf bekannte Märchen, Filme und Comics referiert. Häufig wird die Prominenz aus Politik und Gesellschaft mit bildlichen Anspielungen und Wortspielen satirisch überzeichnet. Eine herausragende Stellung hat dabei der vermeintliche Gesundheitsexperte und spätere Minister Karl Lauterbach, der zum Beispiel in einer Karikatur als Hannibal Lecter aus dem Thriller-Klassiker „Das Schweigen der Lämmer“ erscheint. Lauterbach sitzt mit Zwangsjacke und Maske in einer Ecke. Ebenfalls anwesend ist die frühere Bundeskanzlerin Angela Merkel, die als „Alice im Wunderland“ aus einer Tasse trinkt. „Teeparty beim verrückten Panikmacher“ steht über dem Bild. In einem anderen Cartoon wird dieser als „Lauternaut“ eingeführt, der unermüdlich „von einer interstellaren Talkshow zur nächsten“ reist. Seine Mission: „die Rettung der Menschheit vor fiesen extraterrestrischen Viren“. In weiteren Bildern zeigt Hochmiller Lauterbach mit einer großen Waffenspritze als „Impflamist“ und als „Seuchling“, der an einer Kanüle nuckelt.

Standen den ersten Jahren die Ereignisse rund um die Corona-Politik im Mittelpunkt der Karikaturen, verarbeitete der Berliner Künstler später auch die gesellschaftlichen Verhältnisse im Kontext des Ukrainekonflikts, etwa Deutschlands überzogen zur Schau gestellte Solidarität mit Kiew. Sein Humor sei dabei schwärzer und sarkastischer geworden, schrieb er im Vorwort des zweiten „Pandemimimi“-Buchs. Das liege an der „rasanten Entwicklung vom anfänglichen Irrsinn hin zu einem Wahnsinn ungeahnten Ausmaßes“.

Mit der Zeit ist Hochmillers Themenspektrum gewachsen. Er karikiert die Energiepolitik der Ampelregierung, die allgemeine Klimahysterie, die woke Agenda und den staatlich beförderten Kampf gegen angebliche Demokratiefeinde. Hochmiller zeichnet seine regelmäßig erscheinenden Karikaturen mit professionellen

Programmen und nutzt diese bisweilen für gestalterische Experimente, um unterschiedliche Genres zu bedienen.

Statt prominente Persönlichkeiten hat der Grafikdesigner, Fotograf und Literat Markus Jöhring ausschließlich vertraute Typen aus dem Alltag zu Protagonisten seiner Werke gemacht. Im Mittelpunkt seiner Cartoonsreihe „Inge, Willi, Corona und ich" stehen schrullige Figuren mit schlichtem Gemüt, aber einer beständigen Bodenhaftung. Er habe mit konkreten Personen arbeiten wollen, sagt Jöhring, dadurch wirkten die Cartoons persönlicher und menschlicher. Anhand der Figuren werden all die Themen verarbeitet, die die Jahre der Corona-Krise prägten. Jöhring baute dabei bewusst skurrile Elemente ein, um „dem angestrebten Perfektionismus der Hygienepolitik entgegenzuwirken". Das zeigt sich unter anderem in den flapsig formulierten Dialogen. Generell ist es der Text, der in „Inge, Willi, Corona und ich" dominiert, während die Zeichnungen eher schlicht gehalten sind.

Die Arbeit an der Reihe war ursprünglich als laufender Prozess mit offenem Ausgang angelegt. Zunächst veröffentlichte Jöhring seine Cartoons auf Facebook und Instagram. Die ersten 48 stellte er später in der Innenstadt von Recklinghausen aus. Als das Werk an Umfang zunahm, ließ er „Inge, Willi, Corona und ich" als Hardcoverbuch drucken. Die Bilder wirken wie mit Kohlestift gemalt, entstanden jedoch am Computer. Im Zentrum steht die zugespitzte Kritik, die Jöhring dramaturgisch so aufbaut, dass sie immer schärfer und bissiger wird.

Eine Schnittmenge zwischen Hochmiller und Jöhring bilden die Arbeiten des Berliner Karikaturisten Rob. Sie zeigen nicht nur Prominente aus Politik, Wirtschaft oder Medizin, sondern auch eine eigene, glatzköpfige Figur als Held in satirischen Kurzcartoons, die meist aus vier Teilen bestehen und sich auf tagesaktuelle Ereignisse beziehen. Zu Beginn der Corona-Politik war die Hauptfigur noch als Wutbürger erkennbar. Sie wirkte ignorant und zeigte sich unzufrieden mit allem, was in der Gesellschaft passierte. Mit der Zeit ließ Rob seinen Protagonisten jedoch eine charakterliche Entwicklung durchmachen. In späteren Werken erscheint er reflektierter, scharfsinniger und weitaus regierungskritischer.

Dieser Prozess dürfte autobiografisch grundiert sein. Vor der Corona-Krise hatte Rob keine politischen Cartoons produziert. Er widmete sich eher seichteren Themen. Die Grundrechtseinschränkungen und ihre Folgen weckten in ihm das Bedürfnis, seinen Frust künstlerisch zu verarbeiten. Seine ersten pointierten Werke zur Maßnahmenpolitik veröffentlichte er auf dem Szeneportal Toonpool, wo auch bekannte Karikaturisten aktiv sind. Wie in anderen Gesellschaftsbereichen zeichnete sich jedoch schnell ab, dass Kritik an den Corona-Maßnahmen hier nicht salonfähig war. Das Thema galt als tabu. Rob machte unschöne Erfahrungen mit den Verantwortlichen und war gezwungen, seine Werke auf Instagram zu veröffentlichen, bis die Social-Media-Plattform ihm mit einer Sperre des Accounts drohte. Nach dem erneuten Umzug zeigt er seine Arbeiten heute auf Telegram.

In Robs Kurzcomics führt der glatzköpfige Held meist Gespräche, unter anderem mit Prominenten wie Karl Lauterbach und Xavier Naidoo. Hin und wieder tauchen fiktive Figuren wie der Horrorfilmschurke Michael Myers auf. „Alle Achtung“, wird dieser in einem Cartoon angesprochen, „Sie haben letztes Halloween ja ein richtiges Blutbad angerichtet!“ Im nächsten Bild besinnt sich der Fragesteller: „Moment, die sind alle an Corona verstorben!“ In einem anderen Cartoon thematisiert Rob den angeblichen Rechtsruck in Deutschland. Dieser sei schlimmer als gedacht, denkt sein glatzköpfiger Protagonist: „Überall stehen Galgen mit Ampeln dran.“ In solchen Cartoons verdichtet Rob jeweils eine Idee, indem er auf kulturelles Allgemeinwissen anspielt, dabei auf das Zeitgeschehen kritisch referiert, aktuelle Narrative aufgreift und sie so zuspitzt, dass ihre Absurdität zum Vorschein kommt.

Ebenfalls auf Telegram veröffentlicht ein Karikaturist seine Werke, der sich schlicht „Comiczeichner“ nennt. Wie Hochmiller,

Jöhring und Rob setzte er sich früh mit der Corona-Thematik auseinander. Im Laufe der Krise prangerte er in seinen Arbeiten neben den Grundrechtseinschränkungen auch die Passivität der meisten Bürger an. „Worauf wartest du!", steht auf einer Zeichnung zweier bis zum Kopf im Wasser stehender Männer. „Schaumer mal", sagt einer der beiden, der wie der andere mit geschlossenen Augen so tut, als säße er im Whirlpool.

Anfangs konzentrierte sich der Comiczeichner stark auf die Maßnahmenpolitik, heute drehen sich seine Arbeiten um aktuelle Probleme wie Deindustrialisierung, Wohlstandsverlust und militärische Aufrüstung. Dabei beschränkt er sich nicht auf die politische Prominenz oder Durchschnittsbürger, sondern lässt auch gerne Götter, Bäume, Tiere und Alltagsgegenstände auftreten. Meistens tragen sie menschliche Züge und verbreiten positive Botschaften wie „Lach mal wieda", „Freu dich", „Die Wahrheit kommt raus", „Schön mutig bleiben". Die besten der regelmäßig erscheinenden Kleinwerke versammelt der Comiczeichner in einem Magazin, von dem mehrere Ausgaben vorliegen.

Ein weiterer produktiver Karikaturist ist Olaf Schmalbein, der in seinen meist einfachen Zeichnungen mit viel Text die Absurdität der offiziellen Narrative durch bewusste Logikbrüche sichtbar macht. „Klabauterbach ist sich sicher: Winterreifenpflicht gegen Corona", ist etwa eine Karikatur überschrieben, die einen hilflosen Karl Lauterbach mit einem Reifen um den Hals zeigt. In einer anderen ist BioNTech-Gründer Ugur Sahin zu sehen, wie er ein Kind anspricht, um ihm Impfstoff anzudrehen: „Pscht, greif schnell zu! Das sind die letzten 3. Wer weiß, wann ich Nachschub bekomme", sagt er, während hinter ihm sein mit Impfdosen gut gefüllter Wagen zu sehen ist. Seit Antritt der sogenannten Ampelkoalition bekommen besonders Politiker von Grünen und SPD ihr Fett weg. Schmalbein karikierte deren perfide Strategie, unter dem Slogan „Kampf gegen rechts" alle zu kriminalisieren, die ihre Ideologie nicht mittragen. In der Karikatur „Das Fenster zum Hof" sind Nancy Faeser und Olaf Sundermeyer zu sehen, der sich selbst als „Extremismusexperte“ bezeichnet. Beide starren mit aufgerissenen Augen auf den Hof; Sundermeyer sitzt im Rollstuhl, ein Fernglas in den Händen, und ruft panisch: „Nancy, jetzt schau dir das an. Überall Nazis!“.

Schmalbein veröffentlicht seine Arbeiten auf der eigenen Homepage, häufiger aber im eigenen Telegram-Kanal, wo beinahe täglich Karikaturen zu aktuellen Ereignissen erscheinen. Ähnlich verfährt Bernd Zeller aus Jena. Als Karikaturist ist er bereits seit über dreißig Jahren tätig. Seine Arbeiten erschienen früher in Magazinen und Zeitungen wie *Titanic* und *Welt,* heute in alternativen Medien. Seine eigene Webseite trägt den Titel „ZellerZeitung“ und sieht aus wie eine gewöhnliche Tageszeitung, erweist sich aber schnell als Journalismusparodie. Zeller ahmt den Nachrichtenstil der Leitmedien nach, satirisch zugespitzt und mit vielen Seitenhieben nicht nur gegen Politiker, sondern vor allem gegen die schreibende Zunft selbst. Was ihm an der gegenwärtigen Nachrichtenproduktion missfällt, sei der rechthaberische Ton, sagt er. Die Sprache komme ungebremst daher. Es werde polarisierend und einseitig berichtet.

Zeller parodiert diesen Journalismus in kurzen Meldungen, die jeweils ein selbstgemaltes Bild enthalten. Unter der Zeitungsseite befindet sich stets ein Cartoon zum tagesaktuellen Geschehen. Dargestellt werden keine symbolischen, sondern konkrete Szenen; die Pointe beruht darauf, wie die Protagonisten über ein Thema sprechen. Das können sowohl einfache Bürger sein als auch Politiker, die aber ebenfalls wie einfache Leute aussehen. Wenn sie sprechen, sagen sie mehr über sich selbst aus als über das, wovon sie reden. Zeller versteht seine Arbeit als Reaktion auf das, was die staatstreuen Medien in ihrem derzeitigen Zustand anbieten. Ab einem gewissen Grad der Ideologisierung sei die Ideologie nicht mehr von der Parodie zu unterscheiden, sagt er. Deswegen drängen sich ihm gewisse Themen geradezu auf, insbesondere solche, die von den Grünen bestimmt werden. Zeller hat sie in mehreren Büchern verarbeitet, „Die Sprache des Grünen Reiches“ etwa und „Furcht und Elend des

Grünen Reiches". Darin entlarvt er „ideologische Phrasen", heißt es in der Beschreibung, „die dekadente Verhunzung von Worten und Werten, die schrittweise Zerstörung des Bewährten". Wo Wahnsinn Normalität ist, wird Satire zur Pflicht. Diesem Grundsatz folgt nicht nur Zeller, sondern alle Karikaturisten aus der alternativen Kulturszene.

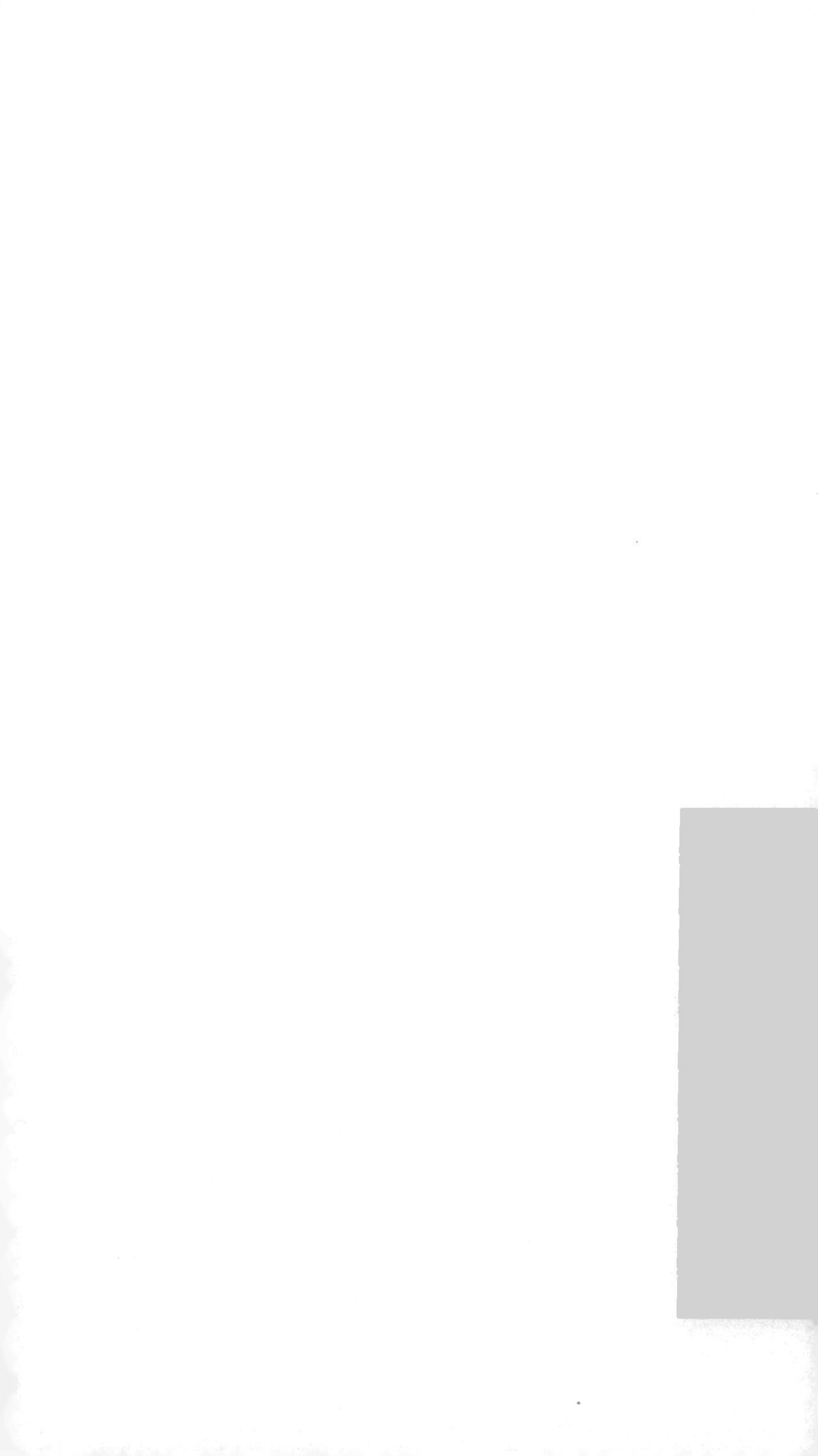

IV. Literatur

Ähnliche Phänomene wie in Kabarett und Musik lassen sich in der Literatur beobachten. Ein bisschen erinnert die Situation an die frühen Jahre des 19. Jahrhunderts, als sich zwei konträre Strömungen herausbildeten. Der damalige politische Hintergrund weist durchaus Parallelen zur Gegenwart auf, allerdings unter umgekehrtem Vorzeichen. Damals waren mit der Französischen Revolution und den Befreiungskriegen gegen Napoleon Liberalisierungsprozesse in Gang gesetzt worden, die demokratischen Fortschritt versprachen. Die Bürger sollten mehr Freiheitsrechte und mit einer Verfassung die Möglichkeit bekommen, sich an der Regierung zu beteiligen. Diese Bestrebungen konterkarierte jedoch sehr bald eine reaktionäre Restaurationspolitik, die in den sogenannten Karlsbader Beschlüssen ihren Höhepunkt fand. Mit ihnen wurden Gesetze erlassen, die die Überwachung und Bekämpfung liberaler Tendenzen ermöglichte. Die ehemals freie Presse unterlag fortan der Zensur. Zahlreiche Organisationen wurden verboten, politische Gegner der Restauration als „Demagogen" verfolgt. Im ganzen Land florierte das Denunziantentum, unterstützt von Spitzeln des Staates.

In dieser politisch angespannten Situation entstand die Kultur des Biedermeier. Statt sich öffentlich zu engagieren und für Freiheitsrechte zu kämpfen, zogen sich die Bürger in den privaten Raum zurück. Schlichte Genügsamkeit und der innere Frieden bekamen mehr Bedeutung als der aufopferungsvolle Kampf gegen die staatlichen Kräfte. Die Literaten dieser Strömung widmeten sich lieber Themen wie Liebe, Bescheidenheit und Religion. In ihren Werken ging es um Entsagung und Mäßigung, um die Zähmung von Leidenschaften und bürgerliche Tugenden. Gepriesen wurde die Unterwerfung unter das Schicksal. Demgegenüber standen Dichter der Strömung Junges Deutschland, leidenschaftlich engagierte Autoren mit liberal-revolutionären Vorstellungen. Sie befassten sich nicht mit der inneren Gestimmtheit, sondern mit weltverändernden Gedanken. In ihren Schriften drückte sich eine Zeit- und Gesellschaftskritik aus, die zur Tat animierte. Beliebteste literarische Form war die Lyrik. Sie sollte ihre Leser nicht ästhetisch befriedigen, sondern politisch auf sie einwirken.

Die gegenwärtige Literaturlandschaft ist mit der damaligen nicht gleichzusetzen, aber vergleichbar. Das gilt auch für die gesellschaftlichen und politischen Rahmenbedingungen, mit dem Unterschied, dass man heute von einem demokratischen Rückschritt sprechen kann. Stellten Freiheitsrechte und Verfassung damals noch Desiderata dar, liberale Güter, die erst erkämpft werden mussten, so waren sie zu Beginn der Corona-Krise ein so selbstverständlicher Bestandteil westlicher Gesellschaften, dass niemand sich ihre Einschränkung vorstellen konnte. Dann jedoch setzte eine autoritäre Politik ein, die an die Karlsbader Beschlüsse erinnert. Verboten wurden aber nicht einzelne Organisationen, sondern generell alle Veranstaltungen, öffentliche Auftritte und sogar Demonstrationen. Zwar gab es für Zensur und die Verfolgung politischer Gegner keine gesetzliche Grundlage, trotzdem fand beides in großem Umfang statt. Und das Denunziantentum gewann schon deswegen an Popularität, weil es medial als heldenhafter und solidarischer Akt der Nächstenliebe verkauft wurde, mit dem man „Gefährder" ausschalten und dadurch Menschenleben retten könne.

Dieses autoritäre Klima hat die Corona-Krise überdauert und ist auf dem besten Wege, zum Normalzustand zu werden. Grundrechte wie Meinungsfreiheit genießt nur – und in eingeschränktem Maße –, wer mit der Regierung ideologisch übereinstimmt. Dass dies einen zivilisatorischen Rückschritt mindestens in jene Zeit des 19. Jahrhunderts darstellt, dürfte auch heutigen Literaten auffallen. Leider jedoch bekommt dies niemand mit, weil sich etablierte Schriftsteller an diesen Themenkomplex nicht heranwagen, schon gar nicht in ihren Werken. Wer sich traut, sind wieder einmal Newcomer, Self-Publisher und semiprofessionelle Autoren ohne großen Bekanntheitsgrad. In der Selbstbeschränkung des Literaturbetriebs liegt ein Hauch von Biedermeier. Die meisten Autoren wollen sich die Finger nicht verbrennen und fürchten den medialen Shitstorm, der ihre

Marktchancen deutlich schmälert. Die gleichen Ängste plagen die Verlage, weshalb sie Manuskripte ablehnen, in denen eine andere als die herrschende Meinung zum Ausdruck kommt und das kritisiert wird, was der regierungstreue Mainstream als Idealzustand darstellt.

Diesen Akteuren stehen mutige Autoren gegenüber, die sich lyrisch in den Sturm werfen, um wie einst die Vertreter des Jungen Deutschlands mit ihren Werken politisch auf die Gesellschaft einzuwirken. In der Prosaliteratur wiederum werden Lösungsansätze für einen möglichen Ausweg aus dem Krisenzustand vorgestellt. Sie betreffen nicht nur die Lebensweise, sondern auch die innere Haltung. Was in den Romanen gezeigt wird, sind Gegenwelten, in denen Individuen in sich selbst den Schlüssel zur Überwindung von Krieg, Leid und gesellschaftlicher Spaltung finden. Dass solche Werke überhaupt Leser finden, verdanken sie einigen neuen institutionellen Akteuren. Auch sie kämpfen gegen die desolaten Verhältnisse an und zielen auf Veränderung, indem sie unangepassten Autoren eine Stimme geben. Sie machen die alternative Literaturszene erst sichtbar. Und die hat in den letzten Jahren deutlich an Umfang gewonnen.

1. Lyrik

In der alternativen Musikszene sind es die Sprechgesangskünstler, die am häufigsten mit zeit- und gesellschaftskritischen Stücken hervortreten, unter den Literaten ragen die Lyriker heraus. Das liegt auch an der Textsorte selbst: Ein Gedicht ist schneller geschrieben als eine Erzählung oder ein Roman. Wer die sozialen Missstände auf wenige Zeilen komprimieren und seinem Unmut Luft machen möchte, findet hier ein Ventil. Die Lust am Reimen ließ in der deprimierenden Zeit des Lockdowns viele Hobbydichter (wieder) zur Feder greifen. In ihren Gedichten thematisierten sie die staatliche Willkür und den Maskenzwang, prangerten die manipulative Meinungslenkung an und forderten das Ende der Freiheitsbeschränkungen. Meist landeten ihre Erzeugnisse in der Schublade. Ambitionierte Lyriker fanden jedoch Wege, ihre Werke öffentlich zu machen, sei es über einen eigenen Telegram-Kanal oder über Portale wie SoundCloud. Dort publizierte etwa der aus Karlsruhe stammende Christoph Köhler seine Gedichte, nachdem er sie vorher selber eingesprochen hatte. Das Oeuvre wuchs zu einem Zyklus, in dessen Mittelpunkt die Kontaktsperren standen, die er unter Gesichtspunkten wie Spiritualität, Vereinzelung und Einsamkeit betrachtete.

Dabei schlug Köhler eher sanfte Töne an, in seinen folgenden Gedichten wurde der Tonfall jedoch schärfer. Der Fokus verschob sich auf die Absurdität der Maßnahmen, die der Karlsruher in dem Stück „Verweilverbotszone“ so zum Ausdruck bringt:

> *Dass das Absurde*
> *keine Grenzen*
> *kennt*
> *ist doch bekannt*

Doch dass die Wirklichkeit
zum Absurden wird,
das Absurde
zur Wirklichkeit
weniger,
und dass Politiker und Wissenschaftler
zu Hanswursten werden
zu Till Eulenspiegels
zu Hofnarren,
und dass dies
ganz wie im echten Theater
im Handumdrehen / (Saallicht aus und Vorhang auf)
geschehen könnte, war mir so
wie es jetzt passiert
noch unbekannt

Nicht alle Lyriker wollten ihre Gedichte in die Weiten des digitalen Raums entlassen. Manche zogen das gute alte Papier vor und machten wie die Münchnerin Motschi von Richthofen von der Möglichkeit des Self-Publishings Gebrauch. Mittlerweile sind von ihr mehrere Bände erschienen, in denen sie die Ereignisse seit Beginn der Corona-Politik facettenreich verarbeitet. Die Lyrikerin greift auf verschiedene Vers-, Strophen- und Gedichtformen zurück, spielt mit Tradition und Moderne, zeigt eine gesteigerte Lust am Experimentieren und zieht alle Register der rhetorischen Kunst, um beispielsweise den trockenen Duktus des Grundgesetzes in eine poetische Sprache zu übersetzen. Auf diese Weise werden die Grundrechte so vermittelt, dass ihr Wesenskern sofort einleuchtet. Zugleich beleuchtet von Richthofen die Fehlentwicklungen im Zuge der Corona-Maßnahmen, beklagt vor allem den Umgang mit Kindern und betont die Umkehrung der Verhältnisse: Was früher als normal galt, erscheint heute befremdlich.

Positiv sieht von Richthofen die vielen neuen Initiativen, die aus der Protestbewegung entstanden sind. In dem Band „Gegenwart gestalten in Menschlichkeit walten“ widmet sie einigen dieser Organisationen und Medienformate je ein Gedicht, in Ehrerbietung und tiefem Respekt. Genannt werden unter anderem die Genossenschaft „Menschlich Wirtschaften“, die Partei „die Basis“, das journalistische Format „Wikihausen“ und die „Anwälte für Aufklärung“. Zwischendurch gibt es politische Lyrik, die jener des Jungen Deutschlands sehr nahe kommt:

> *Wenn Politiker ihren Job nicht richtig machen*
> *hat das Volk das Recht nein zu sagen*
> *und sie aus dem Bundestag zu jagen.*
> *Denn die Staatsgewalt geht vom Volke aus*
> *und jede Propaganda zur Totalität*
> *ist für die Gemeinschaft keine Realität*

In die gleiche Kerbe schlagen viele weitere Autoren, deren Gedichte Jens Fischer Rodrian unter der Bezeichnung „Widerständische Lyrik“ in seinem Buch „Armada der Irren“ gebündelt hat. Zu lesen sind dort unter anderem die Verse des mittlerweile verstorbenen Philosophen Gunnar Kaiser und eine Ballade des Mediziners Wolfgang Wodarg. „Wer hat Oma umgebracht“, fragt er im Titel und wiederholt die Frage mehrmals zwischen den Strophen, um anschließend die desolaten Zustände in Kliniken und Altenheimen zu schildern, die geprägt sind von Zeitnot, Rationalisierung und dem Geschäft mit Fallpauschalen. Einige Anspielungen auf das Corona-Management verraten, dass der Autor als Ursache der Krise nicht gesundheitliche Probleme sieht, sondern finanzielle Interessen.

Nina Proll hingegen beschäftigt sich mit der damals ausgerufenen „neuen Normalität“. Ihr Gedicht „Willkommen in der Demokratie“ zeichnet das düstere Bild einer Gesellschaft, in der es „keine Rechte“, sondern „nur noch Pflicht“ gibt; in der Theater und Sport abgeschafft sind, selbständiges Denken bestraft wird. Die teils sehr langen Verse rufen die nervenaufreibende Ungewissheit in Erinnerung: Wie weit würde der Staat in die Privatsphäre eindringen? In der Hochphase der Corona-Krise wurde er als übergriffig empfunden, als ein Leviathan, der wie im Rausch um sich schlägt und alle Grenzen überschreitet. Solche setzt ihm Sabrina Khalil mit ihrem Gedicht „Hey Staat“, das autoritäre Vorgaben und Zwangsmaßnahmen beschreibt und ihnen ein selbstbewusstes, autonomes Ich entgegensetzt:

> *Hey Staat, ich kann gut unterscheiden: Alle Keime kann*
> *Keiner meiden,*
> *aber deine Zwänge, die uns beschneiden: Dein Milieu ist das Gift,*
> *unter dem wir alle leiden!*
> *Hey Staat, die Gedanken sind Brei von*
> *deiner manipulierten Psycho-Litanei,*
> *aber ein paar sind im Herzen noch live dabei*
> *und spüren deine hilflose Tyrannei.*

Das ungute Gefühl, dass der Staat immer übergriffiger wird, ist bis heute geblieben. Viele Bürger leben Tag für Tag mit dieser Angst und müssen mit ihr genauso fertig werden wie mit menschlichen Zerwürfnissen. Die Corona-Politik hat eine Spaltung der Gesellschaft bewirkt, die sich entlang neuer kontroverser Themen vergrößert. Der Riss geht durch Familien und Freundeskreise. Die eine Seite glaubt an die offiziellen Narrative, die andere hinterfragt sie. Wer als Kritiker der herrschenden Meinung das Gespräch mit deren Befürwortern sucht, stößt gegen eine Wand. Die Diskussion wird verweigert, alternative Erklärungsansätze als Hirngespinste abgekanzelt, weil man sich „bestens informiert“ fühlt. Unter diesem Titel findet sich in „Armada der Irren“ ein Gedicht von Alexa Rodrian, das zwar die gesellschaftliche Spaltung während der Corona-Krise beschreibt, aber selbst nach deren Ende noch immer aktuell bleibt:

> *Bestens informiert*
> *Nicht mehr interessiert*
> *Wir werden nicht zusammenkommen*

Unsere Freundschaft ruiniert
Ich fühle mich schlimm beklommen
Nicht mehr reden
Nichts erklären müssen
Die Gesellschaft ist zerrissen
Schweigen sollen wir jetzt
Bis ihr dann nicht mehr hetzt

Die in „Armada der Irren" enthaltene „Widerständische Lyrik" wurde für das Album „Protestnoten" vertont. Sie liefert einen eindrucksvollen Beweis dafür, dass sich das menschliche Grauen poetisieren lässt, allerdings nicht um es zu verherrlichen, sondern um den gesellschaftlichen Zustand einer geschichtlichen Zeitperiode authentisch wiederzugeben und zugleich politisch Partei zu ergreifen. Ebenso vitalisierend wirkt die Lyrik von Werner Köhne. Sein in der Zeit drakonischer Freiheitsbeschränkungen entstandener Band „Die Corona-Litanei" enthält „Gedichte gegen die verordnete Verödung des Lebens". Allerdings dominieren sie erst in der zweiten Hälfte. Zuvor bildet Köhne den kommunikativen Verfall jener Zeit ab, indem er die „Maßregelsprache" sowohl dekonstruiert als auch montiert, sie zitiert und nachahmt, um sie schließlich ironisch zu brechen. Die Gedichte dieses ersten Teils veranschaulichen in imitierender, fast parodistischer Weise, welche destruktive Kraft Worte entfalten können. Sie wuchern, ziehen sich in die Länge, gehen über mehrere Seiten und sprengen jedes Versmaß. Es fehlen nicht nur Reim- und Strophenschema, sondern auch die Ästhetik. Man möchte meinen, da trägt das Maßnahmenregime selbst in monoton-aggressivem Duktus seine Litanei vor: „zurück zur Pflicht wer sich und sein Leben gemäß unseren Maß- / gaben und Vorgaben erhält / erhält Gratifikationen", heißt es etwa in „Die Agenda", „ist das nicht genug an Lebenselixier und einer guten Gier / nicht sterben zu müssen / genug an moralischer Ertüchtigung."

Die Art der Kommunikation ist in Krisenzeiten von enormer

Bedeutung. Wer ständig von Verboten und Einschränkungen spricht, von Pflichten und Strafen, rettet nicht Leben, sondern vernichtet sie. Dieser „Maßregelsprache" der Krisenmanager in der Corona-Zeit stellt Köhne im zweiten Teil eine Sprache entgegen, „die Poesie im Leben ausbuchstabiert". Sie kreist um Phänomene wie Glück und Liebe, um schöne Momente und optimistische Träume. Diese Gedichte heben sich nicht nur inhaltlich ab, sondern auch formal. Zwar weisen auch sie weder Reim- noch Strophenschema auf, klingen jedoch poetischer. Sie sind reicher an Metaphern und sprachlich geschliffener, gefühlvoll und erbaulich, leichtfüßig und heiter. Ihr Ton hellt die Welt auf und gibt ihr wieder einen Sinn.

> *Als wir*
> *aus dem Dunkel*
> *unserer Küsse*
> *hinaustraten*
> *ins Licht einer*
> *durch Schmerz*
> *herangeschwungenen*
> *Welt*
> *um der Zeit zu entreißen*
> *den Rest*
> *die nestelnden Finger*
> *der Augen Flimmern*
> *der Herzwände*
> *Schrei*
> *im Sog der Zungen*
> *und wieder*
> *Quelle und Meer.*

Auf ihre eigene Art sind auch Werner Köhnes Gedichte widerständisch. Auch seine Lyrik begehrt auf, allerdings nicht politisch-konfrontativ, sondern durch ästhetische Eleganz, mit einer stoischen Ausrichtung auf das Gute und Schöne und mit erfolgsversprechenden

Gegenentwürfen.

Provokativ-rebellisch im Sinne einer engagierten Literatur wirkt der Gedichtband „Von Covid-19 bis Putin-22" des Wissenschaftlers und Künstlers Rudolph Bauer, Untertitel: „Neue politische Lyrik". Sie verarbeitet die letzten Jahre als eine Zeit des Chaos, sozialer Verwerfungen und geopolitischer Umbrüche. Bauer bleibt darin nicht bei einzelnen Ereignissen rund um die Maßnahmenpolitik stehen, sondern wendet sich neuen Krisen zu, zieht Parallelen und zeigt auf, wie Krisen gemacht werden – zum Beispiel mit Feindbildern: Zuerst musste eine Krankheit bekämpft werden, dann trat der russische Präsident an die Stelle von Corona. Anhand der um beide gesponnenen Narrative entlarvt Bauer die jeweilige Agenda, kommentiert die Strategien dahinter mal anklagend-ernst, mal satirisch und spielerisch. Vereint finden sich diese Elemente in der „Deutschen Antihymne", die die Unzufriedenheit mit den Verhältnissen schonungslos zum Ausdruck bringt. Dabei übt sich Bauer in Wortakrobatik. In einer schier endlosen Reimkette wird die Bundesrepublik zum „heuchelland", „vasallenland", „verzweifelt Land", „verharmlosland" und „verlogenland". Die unterschiedlich lang gestalteten Strophen enthalten Verweise auf Deutschlands Geschichte, die Tradition der Mitläuferei, die Abhängigkeit von den USA und die gegenwärtige Rolle im Ukrainekrieg. So manche Zeile klingt prophetisch und nimmt die aktuellen Aufrüstungsforderungen vorweg.

Bauers Gedichte sind allesamt kleingeschrieben und setzen sich über Interpunktionsregeln hinweg; sie sind textintensiv und bewegen sich bisweilen an der Grenze zur Prosa. In dieser Poesie drückt sich der Wille aus, nicht nur inhaltlich, sondern auch formal zu rebellieren. So unangepasst wie die Sprache vorwärtsdrängt, so stringent zieht sich das Thema Krieg durch das Buch, als Nahtstelle zwischen den offiziellen Narrativen der Corona- und der Ukrainepolitik. Dass es da vor Doppelstandards nur so wimmelt, zeigt das sarkastisch-bissige Gedicht „Totenkult". Die Haltung zum Tod variiert mit dem Kontext: Während der Corona-Krise galt die Parole

„Jedes Menschenleben zählt", im Ukrainekonflikt ist dieser Leitsatz nicht mehr relevant. Die deutsche Regierung eskaliert die Waffenlieferungen und behauptet, die Bevölkerung müsse „kriegstüchtig" werden. Den eklatanten Widerspruch persifliert Bauer und weist auf die offensichtlichen Bruchstellen in der Argumentation hin:

> *nachdem die tödlich vulnerablen gruppen*
> *vorerst gerettet sind mit toxischem Gebräu*
> *verfallen sie dem neuen tod der schöner als ersticken sei*
> *dem tod durch waffen*
> *jetzt wird dem tod den sie per injektion*
> *dreifach besiegt zu haben gläubig meinen*
> *ein neues breites tor das tor zum heldentod geöffnet*
> *sirenen locken schrill*
> *zum schutze das gesicht vermummt*
> *zur rettung um ab jetzt immungestärkt*
> *sich aufzumachen in den dritten den letzten weltkrieg*
> *zum wohl von Washington*

Politische Lyrik ähnlicher Ausrichtung findet sich auch in Alexa Rodrians Gedichtsammlung „Anders als es einmal war". Sie konzentriert sich auf das mittlerweile weitverbreitete Phänomen, dass das Politische das Private durchdringt und kolonisiert. Es gibt keine Grauzonen mehr, keinen Raum für Abwägung. Jeder muss Stellung beziehen, ob er will oder nicht. Wie denkst du darüber? Auf welcher Seite stehst du? Solche Fragen sind zu Formeln geworden, mit denen man Gespräche einleitet, um schnell herauszufinden, welche Gesinnung jemand hat. Wer anders denkt, wird aus- oder verstoßen, insbesondere jene, die nicht den offiziellen Narrativen folgen. Mit dieser Entwicklung zerbrechen langjährige Freundschaften, wie Alexa Rodrian in dem Gedicht „Verwandelt" zum Ausdruck bringt:

> *Liebe Schwestern*
> *wo seid ihr nur hin*

wo seid ihr geblieben
liebe Schwestern einst dachte ich
dass wir uns lieben
Nun suche ich nach einem Sinn
liebe Schwestern wo seid ihr bloß hin

Aus diesen Versen spricht noch liebevolles Bedauern, aber der Ton wird schnell rauer und derber, die Wut erringt die Oberhand. Das lyrische Ich ist fassungslos und führt die Feder mit einem Furor, in dem sich das soziale Klima widerspiegelt:

Verpisst habt ihr euch ohne ein Wort
weil ich anderer Meinung war
Verpisst habt ihr euch ohne ein Wort
einen Dreck habt ihr euch geschert
meine Zweifel euer Vertrauen nicht wert
Verpisst habt ihr euch ohne ein Wort
und heute ist so vieles
wahr was ich schon damals sah

Alexa Rodrians Themen reichen weit über die Corona-Thematik hinaus. Unter anderem greift sie den Krieg im Gazastreifen auf, um auf das Leid der Menschen im Nahen Osten aufmerksam zu machen. Ein weiteres Poem ist Julian Assange gewidmet; auch dessen Schicksal steht beispielhaft für die Krisen unserer Zeit, die Umkehrung aller Werte und den Niedergang demokratischer Prinzipien. Viele Freiheitsrechte sind heute in höchster Gefahr, auch im Bereich des unabhängigen Journalismus. In „Libertas" weist Alexa Rodrian darauf hin. Obwohl das lyrische Ich Assange anspricht, richtet es sich zugleich an jene, die ihn verraten haben. Das Poem changiert zwischen Solidarität und Anklage. Es benennt die Verfehlungen und gibt zu verstehen, dass ein Teil der Öffentlichkeit sich dieses Unrechts bewusst ist:

Schande welch Schande

> *Zuerst haben sie dich unterstützt und sogar mit dir geschrieben*
> *Doch dann plötzlich für immer feig geschwiegen*
> *Zuvor haben sie ihre dreckigen Hände noch sauber gerieben*
> *Und du du bist der Sündenbock geblieben*
> *Schande welch Schande*
> *Die Wahrheit war dein Ziel*
> *Nun scheinst du verloren in diesem perfiden Spiel*
> *Fallen gelassen haben sie dich*
> *Denn deine Freiheit zählt jetzt nicht*

Alexa Rodrian wollte ihren Gedichtband gerne in Papierform veröffentlichen. Für unbequeme, kritische Lyriker ist es jedoch schwer, einen Verlag zu finden. Die großen Häuser lehnen sie generell ab, die einzige Hoffnung sind kleine Verlage. Sie zeigen oft mehr Mut und wagen sich mit ihren Veröffentlichungen in den Bereich der Gegenöffentlichkeit. Einige wurden in der Corona-Zeit neu gegründet, um einen Kontrapunkt zum Mainstream zu setzen. Dazu gehört der Rubikon-Verlag, in dem „Die Armada der Irren" erschien. Werner Köhne hat seinen Gedichtband bei Sodenkamp & Lenz veröffentlicht, Rudolph Bauers „Neue politische Lyrik" ist im Sortiment des pad-Verlags zu finden. Alexa Rodrians „Anders als es einmal war" bereichert hingegen das Programm des massel Verlags, in dem auch das vorliegende Buch erscheint.

2. Prosa

Dass kleinere Verlage im Zeitalter der Cancel Culture mehr Mut beweisen, kann die Schriftstellerin Sonja Silberhorn bestätigen. Ihr Fall zeigt, wie schwierig es heutzutage ist, einen literarischen Text zu veröffentlichen, der sich gegen die herrschende Meinung positioniert. Das gilt für Lyrik wie für Prosa, sogar für Kriminalromane. Dabei ist Silberhorn in diesem Genre keine Newcomerin, die eine Leserschaft erst finden müsste: Ihre Bibliografie umfasst zehn Kriminalromane, alle erschienen im etablierten Kölner Emons Verlag. Meist handelt es sich um Geschichten ohne zeitkritischen Subtext. Solange das so blieb, war das Arbeitsverhältnis zwischen Verlag und Autorin unproblematisch. Das änderte sich, als Silberhorn ein Manuskript vorlegte, in dem auch die gesellschaftlichen Verwerfungen infolge der Corona-Maßnahmen verarbeitet wurden.

Im Zentrum der Geschichte steht zwar ein Kriminalfall, aber es geht auch um politische Verfehlungen, die Ausgrenzung Andersdenkender, um Widerstand und dessen Folgen. Die Handlung spielt im Jahr 2022. Als Hauptfigur tritt eine Ermittlerin auf, die aus Silberhorns vorherigen Romanen bekannt ist. Ihre Arbeit führt sie zu einem abgelegenen Selbstversorgerhof, wohin sich eine Gruppe von Maßnahmenkritikern zurückgezogen hat. An diesem stillen Örtchen kocht die Stimmung hoch, als dort menschliche Knochen gefunden werden. Neben der Kripo sorgt vor allem ein tendenziöser Journalist für Wirbel. In dieser konfliktreichen Atmosphäre geschieht schließlich ein Mord. In den Fokus der Ermittlungen geraten die Selbstversorger, auch weil alle Menschen im nahegelegenen Dorf zu wissen glauben: Nur die verhassten „Schwurbler" können die Tat begangen haben.

Die Ausgangssituation bleibt im Fahrwasser der herrschenden

Meinung. Silberhorns Erzählung bringt den Maßnahmenkritikern jedoch mehr Sympathie entgegen als die voreingenommenen Dorfbewohner – ein Grund, warum der Verlag das Buch ablehnte. Man stehe nicht ganz dahinter, was im Roman vermittelt werde, hieß es. Außerdem wolle keiner mehr etwas über Corona hören. Silberhorn vermutet, dass der Verlag sich bei der Entscheidung am Zeitgeist orientierte. Ein Kriminalroman, der unterschwellig der herrschenden Meinung widerspricht, könnte für den Verlag unerfreuliche Konsequenzen haben – und für die Autorin auch, wie Emons in der Ablehnung betonte.

Silberhorn machte das unschöne Erlebnis daraufhin in einem vielbeachteten Artikel auf den NachDenkSeiten publik. Sie nannte die vom Verlag angeführten Gründe, zeigte aber auch Verständnis, weil ihr bewusst ist, welch hohes wirtschaftliche Risiko der Verlag in Zeiten schonungsloser Cancel Culture tragen müsste. Genau darin sieht Silberhorn das Problem: Der Korridor zulässiger Meinungen werde immer enger. „Jede totalitäre Entwicklung, egal wohin sie führt, beginnt mit der Diskreditierung oppositioneller Stimmen", sagt sie. Was passiert mit einem Land, wenn die letzten Mutigen zum Schweigen verdammt oder im Exil sind? Dieser Frage widmet die Autorin in ihrem Roman neben dem Mordfall einen weiteren Handlungsstrang: Die auf dem Selbstversorgerhof gefundenen menschlichen Knochen stammen aus der Zeit des Nationalsozialismus. Dieser Kunstgriff versetzt den Leser in die Jahre 1933 bis 1945; er kann die damalige totalitäre Entwicklung nachempfinden und mit den geschilderten Ereignissen in der Gegenwart vergleichen.

Wehret den Anfängen! Das ist die Botschaft, die Silberhorns Kriminalroman sendet. „Erst in der Pandemie ist Ausgrenzung und Diffamierung Andersdenkender in solch großem Ausmaß wieder gesellschaftsfähig geworden", schrieb die Autorin in ihrem Artikel auf den NachDenkSeiten. Das qualvolle Verenden der Debattenkultur spätestens während der Pandemie werde sich in der Folge auf sämtliche Themenbereiche mit gesellschaftlicher Brisanz erstrecken:

„Schalten Sie den Fernseher ein, lesen Sie die Zeitung. Quod erat demonstrandum." Für Silberhorn stellt die gegenwärtige Fehlentwicklung einen „gesellschaftlichen Super-GAU" dar. Die Ablehnung ihres Romans sei Symptom einer totalitären Entwicklung: „Wie frei ist eine Gesellschaft, in der Romane nicht mehr in etablierten Verlagen erscheinen, weil sie die Haltung Andersdenkender erklären, statt sie abzuwerten?" Silberhorn macht deutlich, was solche Bedingungen für Schriftsteller wie sie bedeuten: „Wenn ich dieses Problem nicht literarisch bearbeiten darf, habe ich nichts mehr zu sagen."

Am Schluss ihres Artikels zeigt sie sich entschlossen, angesichts der gegenwärtigen gesellschaftlichen Verhältnisse den „Traum vom Schreiben" aufzugeben. Man könnte sagen: Sie überließ diesen Job dem Leben, das bekanntlich auch keine schlechten Geschichten schreibt. Wie in einem guten Kriminalroman erlebte Silberhorn nach ihrem Artikel eine erfreuliche Wendung: Sie bekam zahlreiche wohlwollende Zuschriften von Menschen, die Interesse an ihrer Geschichte bekundeten und sie baten, das Manuskript doch noch irgendwie zu veröffentlichen. Ein Weg sollte sich bald finden: In Silberhorns Postfach landete auch eine Nachricht von KaMeRu, einem kleinen Schweizer Verlag, der seit 1998 auf Kriminalromane spezialisiert ist. Die Verlegerin zeigte sich begeistert und bot an, das abgelehnte Buch zu veröffentlichen. Es erscheint nun demnächst unter dem Titel „Im Schatten des Waldes".

Silberhorn ist mit der neuen Situation sehr zufrieden: „Man schreibt, weil man etwas zu sagen hat. Und wenn es dann nicht gehört wird, ist das für Autoren frustrierend." Ein neuer Kriminalroman ist bereits in Arbeit. Der „Traum vom Schreiben" lebt weiter.

Vor Silberhorn hatte bereits die Schauspielerin und Autorin Philine Conrad die Corona-Krise in mehreren Kurzgeschichten literarisch kondensiert. „Geistige Gefangenschaft" beleuchtet Aspekte der damaligen Zivilisationsbrüche, etwa Denunziation und Polizeigewalt, Maskenzwang und gesellschaftliche Ausgrenzung. Erzählt werden die 16 Kurzgeschichten aus unterschiedlicher Perspektive.

Mal schildern die Opfer ihre Erfahrungen, mal berichten die Täter. Hier und da tritt ein auktorialer Erzähler auf, um die Ereignisse zu kommentieren und einzuordnen. Eine der Kurzgeschichten ist im inneren Monolog erzählt. Es geht um eine Frau, die Angst vor dem Hass und den Anfeindungen ihrer Nachbarn hat. Die geistige Gefangenschaft zeigt sich darin, dass sie ihre Gefühle nur in ihrem Inneren verarbeiten kann. Während die Frau mit sich selbst spricht, vermittelt sie die Nervosität Andersdenkender, die damals befürchten mussten, für ihre Aussagen sanktioniert zu werden.

In einer anderen Kurzgeschichte setzt sich Conrad mit dem Thema Quarantäne auseinander. Die Handlung spielt an einem Urlaubsort im Ausland, wo Reisende nach einem positiven Testergebnis in einem Hotel stranden und dort vierzehn Tage eingesperrt verbringen müssen. Welchen psychischen und physischen Strapazen die Protagonisten ausgesetzt sind, vermittelt die Autorin in einem dichten Dialog. Eine weitere Geschichte handelt von einer Frau, die während der Ausgangssperre den Müll rausbringt und prompt in ein grausames Polizeiverhör gerät. Am Ende bekommt die vermeintliche Delinquentin eine Anzeige und muss sich vor einem Richter verantworten.

Conrads fiktionale Kurzgeschichten sind so realistisch wie prophetisch. Obwohl die Autorin sie noch vor der Impfkampagne und der Einführung der 2G-Regeln schrieb, nimmt sie darin vorweg, was sich später tatsächlich ereignen sollte. In einer Kurzgeschichte muss zum Beispiel ein Gast das Café verlassen, weil er nicht belegen kann, dass er „geschützt“ ist. In einer anderen unterbrechen Sicherheitsbeamte eine Theateraufführung, um das Publikum zu kontrollieren. Dabei gerät ein älterer Herr ins Visier, der sich schließlich als langjähriger Mitarbeiter der Einrichtung erweist.

Conrad schrieb ihre Kurzgeschichten größtenteils im Frühling 2021. Zwei Jahre später erschien „Geistige Gefangenschaft“ als Hörspiel im Verlag ars vobiscum. Um die gleiche Zeit wie Conrad verarbeitete der Österreicher Gerald Ehegartner die Ereignisse rund um Corona in einem Roman. „Feuer ins Herz" erschien 2021 in der Hochphase der Gesundheits- und Gesellschaftskrise. Was Ehegartner hier auf knapp 340 Seiten entfaltet, ist die Geschichte eines Protagonisten, in dem sich viele Leser erkennen dürften. Die Handlung beginnt mit dem ersten Lockdown. Noah, ein leidenschaftlicher Lehrer, empfindet die Maßnahmen als überraschend und tut sich schwer, die Orientierung zu behalten. Sein Privat- und Berufsleben gerät aus den Fugen, Noah muss zwischen Online-Konferenzen und Polizeikontrollen die Contenance wahren, um den Alltag zu bewältigen. Zu Hilfe kommt ihm der Old Man Coyote. Diese Figur ist aus der Mythologie der Native Americans entlehnt und repräsentiert den Archetypus des „Tricksters". Zu seinen Wesensmerkmalen gehört die Unangepasstheit. Der Trickster verhält sich nicht systemkonform, er bricht Tabus und Regeln.

In Ehegartners Roman repräsentiert der Old Man Coyote all das, was Noah braucht, um mit der neuen Situation zurechtzukommen – Humor, Gelassenheit und rebellischen Mut. Weil diese Eigenschaften dem Protagonisten zunächst fehlen, führt ihn der Trickster mit aufbauenden Ratschlägen durch die Krisenzeit. Old Man Coyote animiert Noah, optimistisch zu bleiben, den Nachrichtenkonsum einzustellen und ein naturverbundenes Leben zu führen. Damit wird die Brücke zu den Native Americans geschlagen. Ihre Lebensweise dient als Gegenmodell zur modernen Welt, in der technische Neuerungen zwar Bedürfnisse befriedigen, aber nicht unbedingt Glückseligkeit bringen, sondern den Menschen Stück für Stück ihre naturgegebene Freiheit rauben.

Ein bisschen spirituelles Gedankengut schwingt in Ehegartners Roman mit. Der österreichische Schriftsteller verliert die materielle Realität der Lockdown-Zeit jedoch nicht aus dem Blick und verarbeitet Dinge, die damals sehr viele Menschen beschäftigten. Das Figurenensemble philosophiert über die Grundrechtseinschränkungen und ihre Folgen; die Gespräche kreisen um Ereignisse wie das Pandemieplanspiel Event 201 und das Projekt ID2020, die befürchten lassen, dass die demokratische Grundordnung von einer digitalen Diktatur abgelöst werden könnte. Einer Figur kommt die Funktion zu, häufig von Ereignissen zu sprechen, die in der Öffentlichkeit als „Verschwörungstheorien“ abgetan werden.

Der Roman gibt die Atmosphäre jener Zeit authentisch wieder, weckt die damaligen Ohnmachtsgefühle. Das macht die Lektüre zu einer Reise in eine Vergangenheit, die noch heute unheimlich wirkt. Der Unterhaltungsaspekt hat dennoch großes Gewicht. Ehegartner spart nicht mit humoristischen Beschreibungen und skurrilen Ideen, überraschenden Wendungen und kreativen Wortspielen bis in die rasanten Dialoge hinein. Er verbindet Ernst und Komik so, dass der Leser sich mit den drängendsten Fragen der Gegenwart auseinandersetzen kann, ohne dabei Spaß und Mut zu verlieren.

Er sehe in dieser Krise eine große Chance, sagte Ehegartner kurz nach der Veröffentlichung seines Romans. Nun könnten mehr und mehr Menschen erkennen, wie krank das System mittlerweile sei. Viele befänden sich auf einer „globalen Visionssuche“, bei der er mit seinem Roman helfen wolle. Er solle dazu inspirieren, „neue Wege zu gehen“.

Alternative Lösungsansätze scheinen auch beim Thema Krieg erforderlich. Dass dieser die Menschheitsgeschichte geprägt hat, ist keine neue Erkenntnis. Konflikte sind Teil des sozialen Lebens, aber sie arten immer wieder in bewaffnete Auseinandersetzungen aus, die Tod und Leid mit sich bringen. In Europa wird der Krieg derzeit zum Fetisch erhoben, als ginge von ihm eine magische Wirkung aus. Der Ukrainekonflikt weitet sich auch mental zu einem Flächenbrand aus. Statt sich für Frieden einzusetzen, versprechen Staatschefs sämtlicher NATO-Länder ständig neue Waffenlieferungen. Die Rüstungsproduktion läuft auf Hochtouren. Überall ist von „Wehrhaftigkeit“ die Rede, „Kriegstüchtigkeit“ wird zur neuen Tugend erklärt. Selbst Kinder sollen neuerdings ihre „Widerstandsfähigkeit“ stärken und in Schulen an „Zivilschutzübungen“ teilnehmen.

Der Teufelskreis des Krieges dreht sich munter weiter. Wie er sich durchbrechen ließe, thematisiert Paul Soldan in seinem Roman „Sheikhi", erschienen im Anderwelt Verlag, der es sich zur Aufgabe gemacht hat, „die Menschen aufzuklären". Das versucht der deutsche Autor, indem er die Mechanismen der unaufhörlichen Kriegsspirale seziert und am Ende einen Ausweg präsentiert. Titelfigur des in Afrika spielenden Romans ist ein alter Imam. Das geistliche Oberhaupt eines Dorfes am Rande des Regenwaldes zieht sich regelmäßig an einen versteckten Ort zurück, wohin ihm eines Tages sein Zögling Abanga folgt. Der Junge steht kurz davor, wie viele in seinem Alter in einen weiteren Krieg zu ziehen. Um ihn davon abzubringen, enthüllt Sheikhi ihm sein Lebensgeheimnis. Er verwickelt Abanga in ein mehrtägiges Gespräch, das eine Möglichkeit offenbart, wie sich der Kreislauf von Krieg und Verderben stoppen ließe.

Diese Rahmenhandlung nutzt Soldan, um den Titelhelden als Binnenerzähler einzuführen. In dieser Funktion führt Sheihki den Leser in die Zeit seiner Jugendtage zurück, als er selbst als Söldner von einem bewaffneten Konflikt in den anderen zog. Eine abenteuerliche Episode jagt die andere, Schlachten werden gewonnen und verloren, auf Hoffnungen folgen lähmende Enttäuschungen. Der Titelheld begegnet interessanten Menschen und gewinnt immer wieder neue Erkenntnisse. Die Jahre des Krieges erweisen sich für Sheikhi als Bildungsreise: Er begreift schließlich, dass die ständigen Kampfhandlungen ihn seiner Zukunft berauben, so ehrenvoll die Beweggründe auch sein mögen. Begriffe wie Mission, Freiheit und Gerechtigkeit verlieren ihren Glanz, nachdem sie jahrelang als Antriebsfeder gedient haben.

Der Lebenswelt des Krieges stellt Soldan in seinem Roman den Wald entgegen – einen Ort, der vitalisierende Kräfte freisetzt. Als Symbol für Kooperation und natürliche Kreisläufe weist er auf mögliche Auswege: Der Krieg lässt sich überwinden, wenn die Menschen ihr zivilisiertes Leben nach den Prinzipien des Waldes ausrichten. Dieser habe „eine perfekt funktionierende Ordnung geschaffen", heißt es an einer zentralen Stelle des Romans:

> *„Alle Lebewesen im Wald wirken zusammen und profitieren dadurch voneinander. Noch das kleinste Geschöpf hat dort seinen Platz und seine Aufgabe. Der Wald braucht in diese Ordnung nicht einzugreifen. Wir sollten es ebenso lernen, nicht überall einzugreifen. Im Grunde brauchen wir nichts anderes zu tun, als einfach zu leben."*

Indem Sheikhi seine Lebensgeschichte erzählt, vermittelt er Abanga seine Weisheiten. Der Junge macht im Verlauf des mehrtägigen Gesprächs ebenfalls eine charakterliche Wandlung durch und stellt das am Ende des Buches unter Beweis, als es zu einem tragischen Zwischenfall kommt. Mit ihm sendet Soldans Roman seine Kernbotschaft: Frieden lässt sich nur durch Verständnis und Verständigung erreichen. Allerdings ist dafür eine bestimmte Haltung erforderlich. Sheikhi und Abanga müssen sie erst entwickeln, müssen durch die Wirren des Krieges gehen, um zu begreifen, dass die Ursachen und Lösungsansätze nicht außerhalb des eigenen Ichs liegen, sondern in diesem selbst. Während Sheikhi diesen Prozess in direkter physischer Auseinandersetzung durchmacht, tut es Abanga als Zuhörer einer Geschichte, die auf ihn kathartisch wirkt.

Soldans Roman behandelt ein hochaktuelles Thema, indem er der gegenwärtigen Rüstungseuphorie entgegenwirkt und Lösungsperspektiven aufzeigt. Er ist ein leidenschaftlicher Versuch, mit optimistischen Botschaften ein Umdenken zu bewirken. Bleibt der Mentalitätswechsel aus, könnte in Europa der Krieg wieder zum Dauerzustand werden.

Einen weiteren literarischen Lösungsansatz hat die Autorin Barbara de Mars mit der Erzählung „Gaudere aude!" vorgelegt. Ihr geht es nicht um Krieg und Frieden, sondern um den gesamtgesellschaftlichen Zustand, um soziale Spaltung, politische Grabenkämpfe und den Verlust demokratischer Werte. Wie Ehegartners und Soldans Romane zeigt auch de Mars' Erzählung auf, welche innere Haltung notwendig wäre, um die Krisenzeit zu bewältigen und positive Veränderungen herbeizuführen.

Die deutsche Autorin liefert ihren Lösungsansatz sinnbildhaft, indem sie die Handlung in das Italien des 12. Jahrhunderts verlegt. Damals „loderten Konflikte allüberall“, beginnt die Erzählung:

> *„Man zankte sich mit der zentralistischen Macht des deutschen Kaisers jenseits der Alpen. Die örtlichen Gesellschaften waren zerrissen zwischen alteingesessenen, reichen Adligen und den aggressiven Emporkömmlingen eines sich etablierenden Bürgertums. Die Armen zählten eh' nicht. Der jeweilige Papst und sein Gefolge schwankten mal hierhin, mal dorthin, je nachdem, wo die Interessen gerade lagen. Konflikte gab es zwischen Stadt und Land sowie den Kommunen und den feudalen Trutzburgen, wo die Statthalter der internationalen Macht residierten.“*

Mit dieser Beschreibung zieht de Mars eine Parallele zur gegenwärtigen Situation im Europa der Post-Corona-Zeit. Heute repräsentiert nicht mehr der Kaiser die zentralistische Macht, sondern die EU-Kommission. Die Kritik an ihr wächst. Manche Mitgliedstaaten wie Ungarn zanken sich ständig mit ihr, und auch in Deutschland gibt es Stimmen, die ihr vorwerfen, die Souveränität der einzelnen Länder zu untergraben. An die Stelle der reichen Adligen sind heute Oligarchen und Konzerne getreten, die aufgrund ihrer massiven Finanzkraft und Marktdominanz Privilegien genießen. Als Emporkömmlinge treten hingegen die Grünen auf. Ihre Aggressivität äußert sich in zahlreichen Verboten und Transformationsplänen, die zwar der eigenen Gefolgschaft dienen, aber die Lebensbedingungen anderer Bevölkerungsteile enorm verschlechtern. Umso mehr Macht die Grünen erlangen, desto restriktiver agieren sie. Und die Kirche dreht sich unverändert wie ein Fähnchen im Wind.

Nachdem de Mars mit dieser Anfangspassage einen Gegenwartsbezug hergestellt hat, führt sie ihre Hauptfigur ein: Franz von Assisi, der die Gesellschaft seiner Zeit vollkommen umkrempelte und in dessen Lebensweise die Autorin den passenden Ansatz für eine heutige Krisenbewältigung sieht. Untugenden wie Habgier und

Korruption habe er ins Gegenteil verkehrt, sagt de Mars: „Also Armut statt Reichtum, Demut statt Ansehen." Der heilige Franziskus habe die Freude und den Lobpreis des Lebens an die erste Stelle gesetzt. Ihrer Meinung nach steckt in dieser Haltung der Schlüssel: Freude als revolutionärer Akt. Eine Veränderung zum Positiven lasse sich nur bewirken, indem man sie lebt. Kontraproduktiv sei es hingegen, bei Angst und Krisen mitzumachen. Für de Mars zeichnet sich eine Lebensform nach dem Muster des heiligen Franziskus dadurch aus, dass sie nicht angreifbar ist. „Was will man jemandem wegnehmen, der nichts hat?", fragt sie. „Für die Kirche hatte diese Lebensform damals eine immense Sprengkraft, die sie über Jahrhunderte einzuhegen versuchte." De Mars zieht daraus eine Erkenntnis, die auch in der heutigen Zeit wesentlich erscheint: „Es geht nicht darum, anderen zu predigen oder sie von etwas zu überzeugen, sondern man muss selbst vorleben, was man für richtig erkannt zu haben meint."

„Gaudere aude!", in der Zeitschrift *Nachhall* erschienen, basiert auf der Vita des heiligen Franziskus und schildert episodenhaft, wie dessen Lebensweise zunehmend Anklang fand. Ihre Attraktivität vermittelt de Mars in Reflexionspassagen, um anschließend in Beschreibungen indirekt den Weg für die heutige Zeit zu weisen: „Francesco lebte Beziehung. Wenn er etwas als schlecht und schädlich erkannte, begab er sich an den entgegengesetzten Pol."

3. Lesestunde im Kontrafunk

Eine weitere institutionelle Bereicherung der alternativen Literaturszene ist die Lesestunde beim Online-Radio Kontrafunk. Die wöchentliche Sendung bietet eine Plattform für Autoren, die entweder bereits der Cancel Culture zum Opfer gefallen sind oder als Newcomer von vornherein keine Chance haben, an den Gatekeepern des Mainstreams vorbeizukommen.

Seit seiner Gründung im Sommer 2022 versteht sich der Radiosender als Organ der Gegenöffentlichkeit. Unterdrückte Themen bekommen hier ihren Platz, werden aus verschiedenen Perspektiven beleuchtet und besprochen. Zu Wort kommen Menschen aus allen Gesellschaftsbereichen, vor allem solche, deren Ansichten von offiziellen Narrativen abweichen. Individuelle Freiheit genießt beim Kontrafunk höchste Priorität. Er ist die „Stimme der Vernunft", ein Medium des Mittelstands, der bürgerlichen Mitte. Der Gründer Burkhard Müller-Ulrich bezeichnet ihn als „ein Radio frei von Lügen, Humbug und Gedudel". Der Kontrafunk biete ein vollwertiges Kulturprogramm, das all die pluralistischen, liberalen, libertären und auch spielerischen, ja anarchistischen Elemente versammelt, die einst die öffentlich-rechtlichen Programme ausgezeichnet haben.

Das Angebot des Kontrafunks wächst stetig. Die „Lesestunde" zählt zu den Sendungen, die das Programm seit der Anfangszeit prägen. „Der Kontrafunk sollte kein rein politisches Medium werden", sagt Müller-Ulrichs Frau Katja Lückert, die den Radiosender mit ihm zusammen aufgebaut hat und für die „Lesestunde" verantwortlich ist. „Das Programm sollte alles abdecken, was das Leben ausmacht. Und die Literatur gehört definitiv dazu", sagt die Journalistin, die wie ihr Mann früher beim Deutschlandfunk im Kulturbereich tätig war.

Das Konzept der „Lesestunde" basiert auf der Authentizität der

Stimmen. Die Autoren müssen ihre Werke selbst lesen, unter ihrem eigenen Namen und ohne Verwendung von Pseudonymen. Der Fokus liegt auf Prosa. Vorgelesen wird aus Kurzgeschichten, Erzählungen und Romanen, wobei das Genre variieren darf. Krimis und Thriller sind genauso willkommen wie klassische Belletristik. Es müssen auch keine Neuerscheinungen sein. „Wichtig ist, dass der Inhalt zum Programm des Kontrafunks passt", sagt Lückert.

Als die „Lesestunde" im September 2022 startete, war man noch unsicher, ob die Sendezeit auch wirklich jede Woche gefüllt werden könnte. Das Problem löste sich von selbst. Den Anfang machte Uwe Tellkamp mit seiner Erzählung „Das Atelier". Der Schriftsteller aus Dresden gehört im Literaturbetrieb zu den großen Namen, die früher im Feuilleton gefeiert wurden, heute jedoch kaum noch öffentlich lesen können. Die Cancel-Culture-Maschinerie hat ihn wie so viele unbequeme Künstler zur persona non grata degradiert. Sein Vergehen bestand wie so oft darin, eine Meinung zu äußern, die dem Zeitgeist entgegensteht. Tellkamp kritisierte die illegale Migration, setzte sich gegen die Ausgrenzung einiger verfemter Verlage ein und unterschrieb den „Appell für freie Debattenräume". Für die ideologisierten Wahrheitswächter reichte das aus, um ihn aus der Mitte des Literaturbetriebs an dessen Rand zu drängen. Das qualifizierte ihn für einen Auftritt beim Kontrafunk. In der „Lesestunde" trug der Schriftsteller seine Erzählung „Das Atelier" vor, die Einblicke in die sächsische Kunstszene gewährt.

Tellkamp teilt sein Schicksal mit Monika Maron. Sie war bereits in der DDR eine bedeutende Schriftstellerin mit großer Breitenwirkung. Sogar der selten zufriedene Marcel Reich-Ranicki fand lobende Worte für sie. Der mittlerweile verstorbene Literaturpapst wetterte allerdings schon in den 80ern und 90ern gegen die Cancel Culture – zu einer Zeit, als es diesen Begriff noch gar nicht gab. Wie wichtig es ist, zwischen Person und Werk zu trennen, demonstrierte er in der Auseinandersetzung mit Knut Hamsun. Der norwegische Schriftsteller sei zur Zeit des Dritten Reichs „ein widerwärtiger Nazi" gewesen, sagte Reich-Ranicki im „Literarischen Quartett“, um dann klarzustellen: „Dies aber ändert nichts – nicht einen Pfennig, nicht einen Zentimeter – an der Qualität, falls vorhanden, der Bücher, des Werks des Knut Hamsun.“ Heute würde man Reich-Ranicki wohl „Verharmlosung“ vorwerfen. Möglicherweise hätte man ihn auch gecancelt, so wie Maron, die vom Mainstream geächtet und als „rechts“ diffamiert wurde, weil sie unter anderem die Gendersprache kritisiert und einen eingeschränkten Diskurs beim Thema Islam beklagt. Die Leitmedien warfen ihr sogar vor, mit dem Roman „Munin oder Chaos im Kopf“ einen Bürgerkrieg herbeizuschreiben. Ein weiteres Vergehen Marons bestand darin, Uwe Tellkamp zu verteidigen. Damit hatte auch sie Kontaktschuld auf sich geladen. Schon das genügt heute, um aus dem Feuilleton komplett zu verschwinden.

Der Kontrafunk macht diese Ausgrenzung nicht mit; die einst renommierte Schriftstellerin ist in der „Lesestunde“ schon mehrmals aufgetreten und hat unter anderem Essays aus dem Band „Was ist eigentlich los?“ sowie ihre Erzählung „Herr Aurich“ vorgetragen. Im Frühjahr 2024 las sie dort exklusiv aus ihrem neuen Roman „Das Haus“ vor. Im Mittelpunkt der Handlung steht eine Tierärztin im Ruhestand, die in einem abgelegenen Gutshaus nordöstlich von Berlin für sich und ihre Freunde eine Kommune einrichtet. „Das Zusammenleben gestaltet sich zunächst reibungslos und einfach, doch dann treten erste Unstimmigkeiten auf“, heißt es in der Beschreibung. „Die Wohngemeinschaft sieht sich fortan mit universellen Themen des Lebens, der Liebe und des Alters konfrontiert.“

Ein gern gesehener Gast der „Lesestunde“ ist auch die Schriftstellerin Cora Stephan. Sie las unter anderem aus ihrem Roman „Über alle Gräben hinweg“, der schon im Titel einen humanistischen Appell andeutet. Neben altgedienten Literaten treten in der „Lesestunde“ auch Debüttanten auf, etwa Thomas Eisinger und der Regisseur und Mitinitiator der Aktion #allesdichtmachen, Dietrich Brüggemann, der Auszüge aus seinem Buch „Materialermüdung“ vortrug. Der Roman bildet mit feinem Gespür für die gegenwärtigen Konflikte den Zeitgeist ab, indem er nebenbei auch die woke Ideologie und deren Einfluss auf soziale Beziehungen thematisiert. Eisinger wiederum las aus seinem dystopischen Debüt „Hinter der Zukunft“, das sich kritisch mit der aktuellen Klimapolitik auseinandersetzt.

Das Prinzip der „Lesestunde“ ist simpel: Auftreten dürfen Schriftsteller aus Deutschland, Österreich und der Schweiz, unabhängig von ihrer Bekanntheit und bisherigen Erfolgen. Wichtig ist lediglich die literarische Qualität der Werke und deren thematische Ausrichtung. „Ist der Text schön, darf er laufen“, sagt die Sendungsverantwortliche Katja Lückert. Es sei allerdings auch schon vorgekommen, dass Bewerbungen abgelehnt wurden. Die Zahl der Einreichungen steigt kontinuierlich. „Viele hören die ‚Lesestunde‘ und wollen dann selbst eine Geschichte schreiben oder holen einen Roman aus der Schublade“, erklärt Lückert.

Für die Handhabung längerer Texte gibt es eine elegante Lösung. Handelt es sich um Romane bekannter Schriftsteller, werden sie wie bei Monika Maron auf mehrere Sendungen verteilt. Das ist jedoch eher die Ausnahme. Häufiger lesen Autoren nur Auszüge vor, die die Stimmung des gesamten Romans vermitteln. Im Anschluss wird erzählt, wie die Handlung danach weitergeht.

Das Publikum der „Lesestunde“ ist „eine kleine, aber treue Gruppe aus Menschen, die häufig Kulturveranstaltungen besuchen und damit unzufrieden sind, was gerade an Kultur angeboten wird“, schließt Lückert aus Zuschriften von Hörern. „Sie merken, dass die Ideologisierung auf die Kultur im Mainstream überschwappt.“ Für sie ist die „Lesestunde“ eine echte Alternative: Hier können sie literarische Werke entdecken, die anderswo nicht zu finden sind.

V. Alternative Kulturinstitutionen

Unangepasste Künstler sind zweifellos das Herzstück einer alternativen Kulturszene. Damit sie leben und wachsen kann, bedarf es aber auch eines institutionellen Rahmens. Kunst findet nicht im luftleeren Raum statt. Sie muss gefunden, sichtbar gemacht und gefördert werden. Sie braucht Bühnen und ein Publikum, nicht nur im digitalen, sondern auch im analogen Raum. Nicht zufällig zielt die Cancel Culture darauf ab, unliebsame Künstler aus dem öffentlichen Raum zu verdrängen. Sie werden von Konzerten und Festivals aus- oder gar nicht erst eingeladen. Verlage, Sender und Künstlervereinigungen trennen sich von ihnen, ebenso wie Agenturen und Kollegen. Sie werden nicht für Preise nominiert und dürfen nicht an Wettbewerben teilnehmen. Ihre Kunst hört quasi auf zu existieren, zumindest in der breiten Wahrnehmung. Was ihr folglich bleibt, ist nur noch der private Raum. Allerdings produziert kein Künstler gerne für die Schublade – Publikum, Resonanz, das Gefühl der Anerkennung sind unerlässlicher Nährboden der Kreativität.

Kunst ist Kommunikation. Sie kann aber nur dann funktionieren, wenn Produzenten und Rezipienten die Möglichkeit haben, über das Werk zu interagieren, am besten live und von Angesicht zu Angesicht. Mit der Maßnahmenpolitik kam diese Art der Kommunikation fast vollständig zum Erliegen. In der Kulturbranche wurde es still. Wer Kunst produzierte, dem blieb nur der digitale Raum, um Rezipienten zu finden. Oder die vielen Demonstrationskundgebungen. Dort konnten sich die hier vorgestellten Künstler zwar einen Namen machen, allerdings wären sie gerne auch außerhalb solcher Veranstaltungen aufgetreten – auf Bühnen, in Konzerthallen, auf einem Podium. Sie wären gerne auf Festivals zusammengekommen, um sich auszutauschen und gemeinsam für gute Stimmung zu sorgen. Die Kontaktbeschränkungen machten das unmöglich.

2022 konnte die Kulturbranche nach einer langen Durststrecke endlich wieder den Betrieb aufnehmen. Die Einschränkungen endeten weitgehend, aber das Leben wurde nicht unbedingt leichter, zumindest nicht für zeitkritische und unangepasste Künstler. Sie hatten sich in der Zwischenzeit eine Fangemeinde erarbeitetet und waren begierig darauf, ihre Werke auf Veranstaltungen jenseits von Demonstrationen darzubieten. Allerdings waren während der Lockdowns auch die Canceler und Meinungswächter auf sie aufmerksam geworden, und so torpedieren heute nicht mehr Verordnungen und Verbote ihre Auftritte, sondern Leitmedien, regierungstreue Aktivisten, linientreue Veranstalter und Bürokraten. In der Post-Corona-Ära gestaltet es sich für unangepasste Künstler zunehmend schwierig, vor Publikum aufzutreten. Die Betroffenen wehren sich dagegen, indem sie die Organisation von Veranstaltungen selbst in die Hand nehmen und institutionelle Säulen bauen, die der alternativen Kulturszene Stabilität geben. Zu diesen Pfeilern gehören auch Veranstaltungsreihen, die jeweils mehreren kritischen Künstlern Gelegenheit bieten, vor einem größeren Publikum aufzutreten und zu demonstrieren, dass man sie nicht zum Schweigen bringen kann.

1. Konzertreihen, Festivals, Friedensfeste

Eine der bekanntesten Eventreihen ist das Benefizkonzert für Julian Assange in der Berliner Musikbrauerei. Ins Leben gerufen haben es der Lyriker und Musiker Jens Fischer Rodrian und der Journalist Uli Gellermann. Das Konzert soll in regelmäßigen Abständen an das Schicksal des WikiLeaks-Gründers erinnern und darauf aufmerksam machen, dass kritische Stimmen zunehmend Gefahr laufen, den Groll der Mächtigen auf sich zu ziehen, und zwar nicht nur Journalisten, sondern auch Künstler. Das Feuer der Unterstützung brennt weiter, lautet die Message des Konzerts.

Das Programm umfasst viele Kunstsparten und Genres. Zusätzlich zum Konzert gibt es Auftritte von Lyrikern und Kabarettisten, auf die nicht selten Diskussionsrunden folgen. Viele der in diesem Buch vorgestellten Künstler treten dort auf, auch wenn ihre Werke nicht direkt mit dem übergreifenden Motto zu tun haben – so etwa die „The Voice Senior“-Finalistin Silvia, der Cellist Philip Melcher, die Sängerin Ulla Meinecke, der Gitarrist André Krengel und die Pianistin und Sängerin Johanna Borchert, die für ihre leisen, harmonischen Töne bekannt ist. Nicht weniger emotional wirken die Lieder der Komponistin und Singer-Songwriterin Marlene Scheffel, die ebenso auf einem der Benefizkonzerte zu hören war wie *Theodor Shitstorm*, die Gruppe des Filmemachers Dietrich Brüggemann. Gelegentlich reisen auch internationale Künstler an, etwa die israelische Sängerin Vered Dekel, die sich zwischen Jazz und Singer-Songwriting bewegt und ihre Lieder oft in hebräischer Sprache vorträgt.

Als Moderatorin führt meist die Sängerin und Aktivistin Nina Maleika durch den Abend. Zum Abschluss legt DJ Captain Future eines seiner „Schwurbel“-Sets auf und lässt die Veranstaltung in eine Party übergehen, auf der die Gäste bis in die Nacht tanzen. Die Einnahmen der Benefizkonzerte kommen Assanges Anwältin und Ehefrau Stella Moris zu, die das Geld für die Verteidigung ihres Mandanten verwendet.

Nach ähnlichem Muster verläuft DAS FESTIVAL in Weimar. Zur Belebung der kulturellen Vielfalt schaffe es „einen Begegnungsraum", heißt es auf der Homepage, „in dem frischer Wind wehen und für den sogenannten Mainstream Unbequemes nicht nur gedacht, sondern auch ausgesprochen werden kann". Wie das Benefizkonzert für Julian Assange verbindet DAS FESTIVAL Musikbeiträge und Vorträge, allerdings nicht an einem einzigen Abend, sondern über mehrere Tage hinweg. Initiator und künstlerischer Leiter der Veranstaltung ist der Kabarettist Uli Masuth. Sein Anliegen ist, „zu einem friedlichen, freundschaftlichen und couragierten Miteinander in Freiheit zurückzufinden". Die Idee zu dem Event hatte er im Frühherbst 2022 bei einem dreitätigen Treffen mit maßnahmenkritischen Künstlern am Bodensee. Die Stimmung war derart beglückend, dass Masuth aus dem beschwingten Gefühl heraus den Vorschlag machte, in seiner Wahlheimat Weimar an die einstige Zeit deutscher Hochkultur anzuknüpfen und ein Festival auf die Beine zu stellen.

Im Jahr darauf feierte DAS FESTIVAL sein Debüt mit zahlreichen Referenten und über vierzig Musikern. Die Beiträge reichten von Klassik über Jazz bis hin zu neuer Musik. Dabei waren unter anderem die Violinistin Marta Murvai, der Klarinettist Claudio Puntin und der Trompeter Markus Stockhausen, der während der Krisenzeit die Konzertreihe „Lange Töne für den Frieden" ins Leben rief. Sie soll in der gegenwärtigen Situation der Gewaltspirale ein pazifistisches Zeichen setzen, mit sanften Klängen und positiven Schwingungen. Die Konzerte finden in unterschiedlichen Städten statt und haben einen offenen Gestaltungsrahmen. Teilnehmen dürfen alle, die über eine gewisse musikalische Erfahrung verfügen – sowohl Sänger als auch Instrumentalisten.

Ein nicht weniger starkes Künstleraufgebot ist für die Neuauflage von DAS FESTIVAL im Oktober 2024 angekündigt. Im Laufe der drei Tage werden unter anderem der Akkordeonist Tobias Morgenstern, die Sängerin Renèe Morloc sowie Christian Elin und Anna Zimre zu hören sein, die im Duett aus Bassklarinette und Viola da gamba musizieren. Viele der auftretenden Musiker leben in Deutschland, einige haben ihre Wurzeln in Belgien, England, Norwegen, den Niederlanden, Südafrika beziehungsweise Syrien. Was sie alle verbindet, ist das Erleben der Gegenwart als eine Zeit, in der ein von gegenseitigem Respekt und Toleranz gekennzeichneter Dialog verloren geht. Auf dem Festival in Weimar setzen sie ein Zeichen für eine in Freiheit gelebte Kunst. Initiator Uli Masuth wünscht sich eine Strahlkraft, die über die Krisenzeit hinausreicht.

Ebenso bunt wie das Line-up des Weimarer Festivals ist das Friedensfest in Berlin, das meist in den Sommermonaten im Mauerpark veranstaltet wird. An einem Tag kommen Künstler aus den verschiedensten Bereichen zusammen, darunter viele Musiker, die größtenteils in diesem Buch vorgestellt wurden. Unter dem Motto „Musik ist unsere Waffe" sorgen sie für gute Stimmung, senden aber auch eine politische Botschaft. Das Event steht ganz im Zeichen von Frieden, Freiheit und Selbstbestimmung. Es richtet sich gegen Krieg und Waffenlieferungen sowie gegen Ausgrenzung und gesellschaftliche Spaltung. Als Organisator tritt die Initiative „Wir sind viele" auf. Einer dieser vielen ist der Aktivist und DJ Captain Future, der zusammen mit der Sängerin Bettina aus Berlin (alias Coronita) moderierend durch das Sommerfest führt.

Um die Bühne verteilt sind Infostände, an denen Initiativen wie „Menschlich Werte schaffen" und „Solidarische Landwirtschaft" ihre Projekte vorstellen. Weil sich das Sommerfest als Event für Familien versteht, gibt es zusätzlich ein Kinderprogramm. Die kleinen Gäste bekommen die Möglichkeit, für den Frieden zu malen, sich zu schminken, riesige Seifenblasen zu pusten, während die Eltern Musik für Herz und Seele genießen, von Künstlern wie dem Sänger und Geiger Atti Larkin und Perin Dinkeli. Sie standen bereits bei früheren Friedensfesten auf der Bühne, ebenso wie Rapbellions, Yann Song King, Karsten Troyke und viele andere Unangepasste. Am Ende der Veranstaltung legt DJ Captain Future auch hier eines seiner „Schwurbel-Sets“ auf, um den Abend mit einer fröhlichen Tanzparty ausklingen zu lassen.

2. Wettbewerbe und Preisverleihungen

Weitere institutionelle Säulen einer alternativen Kulturszene sind Wettbewerbe und Preisverleihungen, die stabilisierend wirken, indem sie Öffentlichkeit herstellen, Reichweite generieren, die Bekanntheit der Künstler steigern und ihnen Wertschätzung entgegenbringen, auch wenn sie keinen Preis davontragen. Allein die Möglichkeit, für die eigene Arbeit ausgezeichnet zu werden, wirkt motivierend und fördert die Produktivität. „Wir erleben es immer wieder, dass Künstler danach einen Karriereschub bekommen", berichten Gaby und Peter Agrikola. Das aus Deutschland stammende, in den Niederlanden lebende Paar hat kurz vor der Corona-Krise mit der gemeinsamen FPMC Media Group den Red Carpet Award ins Leben gerufen, um Independent-Künstler für ihre Leistungen zu würdigen.

Ausgezeichnet werden nicht nur Musiker, sondern auch Radiostationen, DJs, Producer, Fotografen und Promotion-Agenturen. Wer an dem Wettbewerb teilnehmen möchte, kann eigene Werke als MP3-Dateien, Videos oder in Textform auf der Webseite des Red Carpet Award einreichen. Die Sichtung erfolgt zweigleisig: Eine fünfzigköpfige Jury schaut sich Videos, Fotografien und Texte an. Ebenso viele Mitglieder konzentrieren sich ausschließlich auf die Musik, ohne das Beiwerk zu betrachten. Preise gibt es in mehr als hundertfünfzig Kategorien. 2023 gewann unter anderem der erwähnte Popmusiker Augustin mit seinem Song „We Open Up" in der Sparte „Video of the Year / Male".

Der Red Carpet Award versteht sich als internationale Preisverleihung, weshalb sich Künstler aus allen Ländern bewerben können. Auch die kooperierenden Partner sind überall auf der Welt verstreut. So gibt es etwa ein Patenschaftsmodell, bei dem die Kosten für den Award-Versand übernommen werden, wenn die Künstler dies finanziell nicht stemmen können. Dem Initiatorenpaar geht es um Fairness in der Musikbranche, die eine Seltenheit ist, wie Gaby und Peter aus eigener Erfahrung wissen. Im Laufe ihrer jahrelangen Tätigkeit im Musikgeschäft erlebten sie immer wieder, was bei Preisverleihungen wirklich zählt: das Kapital. Hinter den Kulissen werde häufig geklüngelt, sagen sie. Wer Geld habe, könne sich Nominierungen und Preise problemlos kaufen.

Beim Red Carpet Award geht es objektiver zu. Gaby und Peter investieren viel Kraft in den Wettbewerb und beschäftigen sich unablässig mit Vorbereitung und Organisation: „E-Mails schreiben und beantworten, koordinieren, Zimmer buchen – da gibt es viel zu tun.“ Der Aufwand lohnt sich: Der Red Carpet Award ist im europäischen Raum einmalig und bietet den teilnehmenden Musikern und Institutionen viele Vorteile. An der Preisverleihung nehmen auch Labels, Radiosender und Manager teil, was eine weltweite Vernetzung, Vermittlungen, Verträge und Entdeckungen möglich macht.

Etwas kleiner im Format, aber nicht weniger wirkungsreich ist der *NuoVision Songcontest*, der alljährlich parallel zum notorischen *Eurovision Song Contest* (ESC) ausgetragen wird. In Ablauf und Verfahrensweise gleicht er seinem Mainstream-Pendant. Der Inhalt unterscheidet sich jedoch gewaltig: Am *NuoVision Songcontest* nehmen ausschließlich Künstler teil wie die hier vorgestellten – Musiker mit kritischen Liedtexten, unangepasster Haltung und Botschaften, die der herrschenden Meinung widersprechen. Die Macher setzen bewusst auf Authentizität. Die bloße Reproduktion zeitprägender Ideologien ist ebenso unerwünscht wie effektheischende Gesten der Political Correctness.

Ins Leben gerufen wurde der *NuoVision Songcontest* von Frank Höfer. Der Gründer und Initiator der Produktionsfirma NuoViso hat in den letzten knapp zehn Jahren mit mehreren Mitstreitern verschiedene Sendungsformate aufgebaut, die alle auf der Plattform NuoFlix erscheinen. Als die Corona-Politik auch deren Betrieb einschränkte, suchte das Team nach einer Lösung, um seinen Zuschauern weiterhin ein Programm bieten zu können. Höfer und seine Kollegen fanden sie in einer digitalen Talksendung, die sie passenderweise „Home Office" nannten. Hier sollte künftig über aktuelle Themen und Ereignisse gesprochen werden. Das Format stieß auf große Resonanz und feierte im Frühjahr 2021 seine hundertste Ausgabe. Anlässlich des Jubiläums erreichten NuoViso zahlreiche Zuschriften von Künstlern, die anfragten, ob die Produktionsfirma in dieser Sondersendung nicht auch ihre Musikvideos abspielen wolle. „Die Qualität und Quantität war so gut", erinnert sich Höfer, „dass mir beim Radiohören, wo es gerade um den ESC ging, die Idee kam, einen Alternativwettbewerb zu initiieren." Der *NuoVision Songcontest* war geboren.

Seit der Premiere 2021 erfreut sich der Wettbewerb einer wachsenden Beliebtheit, obwohl das Event komplett digital stattfindet. Statt live vor Publikum aufzutreten, reichen die Künstler Musikvideos ein. Für die Ausgabe im Mai 2024 sollen knapp siebzig Bewerbungen eingegangen sein, aus denen das Team um Höfer 26 Acts als Wettbewerb-Teilnehmer auswählte. Geachtet wird dabei auf Talent und Publikumswirksamkeit. Das eingereichte Musikvideo sollte keine Standbilder enthalten und nicht älter sein als ein Jahr. Wer seine Botschaften nicht nur im Songtext, sondern auch in Bildern interessant zum Ausdruck bringen könne, habe gute Chancen, sich zu qualifizieren, sagt Höfer. Bevorzugt werden zudem Beiträge in deutscher Sprache. Allerdings ist das kein Muss, wie die Historie des Wettbewerbs beweist: Bei jedem *NuoVision Songcontest* waren Künstler aus aller Welt dabei. Wenn bei der Vorauswahl teamintern Uneinigkeit herrscht oder Stimmengleichstand besteht, gibt es einen Vorentscheid in einer „Home Office"-Sendung. Die Zuschauer stimmen dann darüber ab, welche Kandidaten ins Finale einziehen.

Das gleiche Prozedere wiederholt sich beim *NuoVision Songcontest.* Als Moderatoren führen Frank Höfer und sein Kollege Robert Stein durch die Sendung. Während sie die 26 Acts ankündigen, bewertet eine dreiköpfige Jury nach jedem Beitrag die künstlerische

Darbietung. Sie ordnet die Songs musikalisch ein, kommentiert die Videos und kritisiert handwerkliche Fehler. Alle drei Jurymitglieder vergeben Punkte, entscheiden aber nicht darüber, wer aus dem Wettbewerb als Sieger hervorgeht – das tun die Zuschauer, indem sie ihre Stimme über Telegram abgeben.

Musikalisch deckt der *NuoVision Songcontest* ein breites Spektrum ab. Von Hip-Hop, Pop und Rock über Volksmusik und Country bis hin zu satirischen Singer-Songwriter-Stücken ist fast jedes Genre vertreten. Mal sind die Beiträge melodiebetont, mal textlich dicht, mal energisch, mal sanft. Thematisch geht es um die gesellschaftlichen Verwerfungen der letzten Jahre, die Kriege in der Ukraine und in Gaza, um die Corona-Politik und ihre Folgen, um Entwicklungen wie die Verdrängung des Bargelds. Die Musiker besingen die Freiheit, appellieren an Gerechtigkeit und setzen ein Zeichen für ein friedliches Miteinander.

Bei der Premiere 2021 setzte sich der Wiesbadener Ralph Valenteano mit seinem ironischen Funk-Song „Viel zu esoterisch" durch. Beim nächsten *NuoVision Songcontest* saß er dann selbst in der Jury. 2022 ging der erste Platz an die Band *Corona Bavaria*, die die Zuschauer mit dem Lied „Frieren für den Frieden" überzeugte, in dem das Frauenquartett die Energiepolitik der Ampelregierung im Zuge des Ukrainekriegs satirisch durch den Kakao zog. Der Sieger des *NuoVision Songcontest* 2023 schlug ernste Töne an: Der Berliner Phizzo gewann mit „Plötzlich und unerwartet", einem schonungslosen Song über die Folgen der Corona-Impfung. 2024 gewann Emma Marten mit „Die Kraft". Das ruhige Lied entfaltete in seiner unaufgeregten Art genau das, was es besang. „Großes Herz mit einer großen Seele", beschrieb Jury-Mitglied Ralph Valenteano das Stück. Der Song strotzte nicht nur vor Kraft, sondern strahlte diese auch auf Zuschauer und Hörer aus. Die Begeisterung über den Gewinnerbeitrag und die gesamte Sendung war groß. Kommentare lobten die Veranstalter und die teilnehmenden Künstler für die inhaltliche Qualität: Es sei eine „ausgezeichnete Mischung" gewesen. „Alle haben gewonnen: Ihr mit eurer großartigen Show, die Künstler, die Musik, die Kunst, die Zuschauer, die Menschen, die Freiheit, die Meinung, der Kopf, das Herz und wohl noch vieles, vieles mehr!“

3. Initiativen und Veranstalter

Die Reaktionen auf den *NuoVision Songcontest* zeigen, wie groß das Interesse an unangepasster und zeitkritischer Kunst jenseits des kulturellen Mainstreams ist. Damit sie weiter floriert und gerade in Krisenzeiten robust bleibt, bauen Initiativen und Vereine die nötigen institutionellen Strukturen auf, indem sie Veranstaltungen organisieren, Künstler vernetzen und die Kultur fördern. Nach den Erfahrungen der verordneten Berufsverbote gilt es, Kräfte zu bündeln und ein festes Fundament zu errichten, um die eigenen Interessen besser durchzusetzen als zu Beginn der Corona-Krise.

Eine der ersten Initiativen dieser Art war „Kunst ist Leben", gegründet zu einer Zeit, als die meisten Einrichtungen noch immer geschlossen waren oder ihr Programm nur unter strengen Auflagen anbieten konnten. Am härtesten trafen die Einschränkungen freischaffende Künstler, die über Monate, wenn nicht Jahre ihre Wirkungsstätten und somit ihre Einnahmequellen verloren. Sie plagten Existenzängste und quälende Ungewissheit. Viele gaben damals notgedrungen ihren Beruf auf. Die Schauspielerin Philine Conrad und die Violinistin Marta Murvai machten jedoch weiter und begannen, sich lautstark für ihre Zunft einzusetzen.

Die beiden Frauen kannten sich vor der Corona-Krise nicht, erst das gemeinsame Schicksal brachte sie zusammen. Murvai war vor dem Berufsverbot eine international bekannte Geigerin, die sowohl solo als auch mit renommierten Orchestern auftrat. Über einen Mangel an Aufträgen konnte sie sich nie beklagen. Mit der Corona-Politik geriet ihre Existenz als Künstlerin in Gefahr. Damit ging es ihr wie Conrad, die ihre Schauspieltätigkeit an Theatern auf unbestimmte Zeit einstellen musste. Als die Künstlerin aus Köln auf dem Blog des Journalisten Boris Reitschuster einen Artikel über Murvai las, beschloss sie die Geigerin zu kontaktieren. Kurz darauf entstand die Idee zu dem Projekt „Kunst ist Leben“. Der Name der Initiative spiegelt die Überzeugung, dass Kunst und Leben eins sind. Sie bedingen sich gegenseitig. Ohne Kunst ist auch das Leben nicht lebenswert, zumindest für Künstler, die in ihrer Tätigkeit mehr als nur einen Broterwerb sehen.

Conrad und Murvai suchten nach gleichgesinnten Künstlern, um ein breites Netzwerk aufzubauen. Im Rahmen von „Kunst ist Leben“ sollten Projekte und Diskursräume entstehen, die der Kunst zur Freiheit verhelfen. Gerade angesichts der Cancel Culture möchte die Initiative einen geschützten Raum schaffen, in dem kritisch gedacht und konstruktiv gearbeitet werden kann, in dem ein reger Austausch zwischen den Mitgliedern stattfindet und sie gemeinsam nach Wegen suchen, wie man sich in Krisenzeiten behauptet.

„Kunst ist Leben“ richtet sich ausschließlich an hauptberufliche Künstler, die tatsächlich von ihrem Handwerk leben und nachvollziehen können, welche existenziellen Probleme Maßnahmen wie die in der Corona-Zeit verursachen. Das sind gar nicht so wenige, wie die Liste der Mitglieder zeigt, die kontinuierlich wächst. Viele Künstler schrieben Conrad direkt an, andere meldeten sich, nachdem sie auf die Initiative aufmerksam geworden waren. Unter ihnen sind Musiker und Schauspieler, Opernsänger und Regisseure, bildende Künstler und Fotografen sowie Synchronsprecher, Sounddesigner und Dramatiker.

In ihrem Engagement für eine unabhängige Kunst konzentriert sich die Initiative nicht nur darauf, die Mitglieder zu vernetzen, sondern organisiert auch diverse Veranstaltungen. In den letzten Jahren stellte „Kunst ist Leben“ drei mehrtägige Festivals mit Lesungen und Diskussionsrunden, Musik- und Gesangseinlagen auf die Beine. Zwischendurch gab es immer wieder einzelne Veranstaltungen in Köln, Hamburg und Berlin. Für die teilnehmenden Künstler gilt es, auch anderen aktuellen Themen aufmerksam und kritisch zu begegnen.

Um die Förderung von Kunst und Kultur bemüht sich auch der Verein KulturKreis Pankow, allerdings mit Schwerpunkt in Berlin. Wie „Kunst ist Leben“ ist er als Reaktion auf die Freiheitseinschränkungen entstanden. Die Erfahrungen während der Corona-Jahre machten deutlich, dass die Kultur gerade in Krisenzeiten auf keine Lobby hoffen kann und nur bedingt widerstandsfähig ist. Der KulturKreis Pankow will ihr in Zukunft zu mehr Relevanz verhelfen und einen breitgefächerten gesellschaftlichen Debattenraum schaffen. Im Gegensatz zu „Kunst ist Leben“ sind an dem Verein nicht ausschließlich professionelle Künstler beteiligt. Die Mitglieder stammen aus den verschiedensten Bereichen. Was sie verbindet, ist die Liebe zu Kunst und Kultur.

Das mehrköpfige Team tritt seit der Gründung 2022 oft als Veranstalter und Organisator auf. Es unterstützt künstlerische Aktionen wie Singen, Tanzen, Theater und Lesungen, aber auch Diskussionsabende und Vorträge zu gesellschaftlichen Themen. Eine der Hauptaufgaben besteht darin, Termine abzustimmen und sowohl Künstlern als auch Referenten eine adäquate Bühne zu bieten. Dazu gehört es auch, Räumlichkeiten und Lokalitäten zu finden, die sich nicht an der Cancel Culture beteiligen. Das ist kein leichtes Unterfangen. Während seines zweijährigen Bestehens musste der Verein erleben, dass eine Einrichtung auf Druck einiger Lokaljournalisten von bereits geschlossenen Vereinbarungen zurücktrat. Operiert wurde dabei mit Kontaktschuldargumenten und den üblichen Framing-Etiketten. Dennoch gelingt es dem KulturKreis Pankow weiterhin, regelmäßig Veranstaltungen zu organisieren. Das Programm für das Jahr 2024 enthält Termine im wöchentlichen Rhythmus: Konzerte, Kabarettauftritte und Vorträge, wobei größtenteils Künstler auf der Bühne stehen, die in diesem Buch vorgestellt werden. Um sie bemüht sich der KulturKreis Pankow ebenso wie um Einrichtungen, die für die jeweiligen Veranstaltungen ihre Räume zur Verfügung stellen. Einige von ihnen sind mittlerweile feste und treue Kooperationspartner.

In Brandenburg, ganz in der Nähe des KulturKreises Pankow,

veranstaltet „EMmA-Events“ Lesungen, Konzerte und Filmabende und legt dabei großen Wert auf einen Bezug zur außerparlamentarischen Opposition. Das Konzept geht auf: Jede Woche findet mindestens eine Veranstaltung statt, stets gut besucht. Die Karten dafür verkauft „EMmA-Events“ über ein eigenes Ticketsystem, mit dem es derzeit zu den wenigen alternativen Dienstleistern in der Eintrittskartenvermittlung gehört. Ein weiterer ist „Krasser Guru“. Über diese Plattform lassen sich schnell und einfach Tickets für Konzerte und Auftritte jener Künstler erwerben, die die alternative Kulturszene prägen und gemeinsam mit den institutionellen Akteuren zu dem machen, was sie ist: ein Ort der Gegenöffentlichkeit und des -diskurses.

Fazit

Die alternative Kulturszene hat einen stattlichen Umfang. Das Ergebnis der letzten Jahre ist durchaus beachtlich, erst recht vor dem Hintergrund der Cancel Culture, ohne die es für viele Künstler wesentlich leichter gewesen wäre, ein größeres Publikum zu erreichen. Sie und ihre Werke bewegen sich immer noch unter dem Radar, sogar innerhalb der außerparlamentarischen Opposition. Selbst in dieses Buch haben es nicht alle Akteure geschafft. Das hängt damit zusammen, dass aus Platzgründen eine Auswahl getroffen werden musste. Den Schwerpunkt bilden Künstler, die in den letzten Jahren entweder großen Einfluss gehabt, viel produziert oder einzelne Werke veröffentlicht haben, die formal oder inhaltlich bestimmte Eigenschaften aufweisen, anhand derer sich die Vielfalt der alternativen Kulturszene veranschaulichen lässt. Unterschlagen wurden hingegen solche, die sich nach anfänglichem Engagement wieder zurückzogen oder sich erst kürzlich in die Arena begeben haben. Gleichwohl gebührt ihnen großer Dank, insbesondere Letzteren, die die alternative Kulturszene ebenso bereichern und am Leben halten wie viele, viele Instrumentalisten. Diese bleiben oft im Hintergrund, weil sie keine Werke mit Textinhalt produzieren und somit musikalisch nicht explizit Kritik äußern können. In den letzten vier Jahren haben sie es dennoch getan, in Redebeiträgen, Interviews, gemeinsamen Aktionen oder bei Demonstrationsauftritten und diversen Kulturveranstaltungen.

Das vorliegende Buch hat somit nur einen Ausschnitt der alternativen Kulturszene präsentiert, auch weil der Autor in einer derartigen Nische nicht alle Künstler und Neuerscheinungen kennen kann. Doch die blinden Flecken sind zugleich ein Hoffnungsschimmer. Sie machen Mut und nähren die Zuversicht, dass in ein paar Jahren ein dickeres Buch zu diesem Thema geschrieben werden muss, eines, in dem viel mehr Namen stehen als jetzt. Bis dahin bleibt noch viel zu tun. So erfreulich das bisherige Ergebnis sich darstellt, es kann nicht darüber hinwegtäuschen, dass es Verbesserungsbedarf gibt. Es fehlen noch immer Ressourcen und Institutionen, Mäzene und Veranstalter mit Rückgrat, Agenten und Visionäre. Besonders schwer haben es die Literaten. Wer beispielsweise die gegenwärtigen Turbulenzen und Umwälzungen in einem Gesellschaftsroman verarbeitet, findet so gut wie keinen Verlag, der ihn veröffentlicht. Die einzige Möglichkeit bietet derzeit Edition W, allerdings auch nur bedingt. Die Belletristiksparte des Westend Verlags hat sich zum Ziel gesetzt, politische Prozesse und gesellschaftliche Veränderungen zu begleiten. Nach Romanen oder Lyrikbänden zum Thema Corona sucht man im Programm jedoch vergeblich. Selbst im alternativen Bereich scheuen sich die Verlage noch immer, richtig heiße Eisen anzufassen, selbst wenn sie gegen den Strom schwimmen wollen. Das hat auch finanzielle Gründe. Die Veröffentlichung eines belletristischen Werks ist mit einem großen wirtschaftlichen Risiko verbunden. Im Zeitalter der digitalen Medien können Verleger nicht mit hohen Verkaufszahlen rechnen. Das Interesse an Literatur geht aufgrund des riesigen Online-Angebots immer mehr verloren. Anstatt sich mit geschriebenen Texten zu befassen, hört sich gerade die junge Generation lieber einen Podcast an oder schaut ein YouTube-Video. Wer noch Lust am Lesen verspürt, zieht kurze Artikel vor. Romane oder gar Lyrikbände schlagen nur die wenigsten auf. Die Rezipienten sind daher genauso gefragt wie die Institutionen. Wenn sie die alternative Kulturszene wachsen sehen wollen, müssen sie auf das gute alte Buch zurückgreifen und sich auch mal mit literarischen Gattungen befassen. Voraussetzung ist die Bereitschaft, dafür Geld auszugeben. Wer ein Buch kauft, unterstützt Verleger und Autoren gleichermaßen. Nur so können sie überleben und neue kritische Werke produzieren. Jeder Buchkauf ist eine Investition in die alternative Kulturszene: Die Erlöse fließen in neue Projekte und kommen der Qualität zugute. Je mehr kritische Bücher veröffentlicht werden können, desto leichter lassen sich deren Inhalte verbreiten.

Gleiches gilt für die Mechanismen in der Musikbranche. Hier fehlt es immer noch an einschlägigen Labels. Die meisten unangepassten Musiker produzieren ihre Singles und Alben selbst. Damit sind sie (oft neben einem bürgerlichen Beruf) reichlich beschäftigt. Für Marketing, Booking, Terminorganisation und Vertrieb bleibt kaum Zeit. Deshalb braucht es Labels, die die Künstler dabei angemessen unterstützen und betreuen. Allerdings mangelt es auch hier an Geld und Mut. Diesen bringt derzeit nur die Komplett-Agentur A-MAZE-ING music auf. Die Firma aus Stuttgart betreut Musiker von der Produktion bis zum Vertrieb, auch solche, die gegen den Strom schwimmen. Ihnen wäre sicherlich mehr gedient, wenn es weitere Akteure gäbe. Zumal sich auch für Labels und Agenturen wie A-MAZE-ING music die Chance ergibt, von einem schnell wachsenden Markt mit großem Potential zu profitieren.

Ohne solche Institutionen können die Künstler ihre Werke lediglich auf YouTube und anderen Social-Media-Plattformen veröffentlichen. Um die Leute zu erreichen, bedarf es weiterer Kanäle. Hier sind die mittlerweile in großer Zahl vorhandenen alternativen Medien gefragt. Künstler sollten häufiger interviewt und zu Talkshows eingeladen werden. Magazine könnten Gedichte und Auszüge aus umfangreicheren Werken publizieren. Für alternative Radiosender wäre es ein Leichtes, Lieder kritischer Musiker zu spielen. Ansonsten bleiben ihnen kaum Möglichkeiten, Menschen zu erreichen. Die Cancel Culture wuchert auch auf einschlägigen Streaming-Portalen wie iTunes und Spotify, die Songs und Alben blockieren, wenn ihnen der Inhalt nicht gefällt.

Was die Musiker im digitalen Raum erleben, durchleiden Kabarettisten auf Kleinkunstbühnen. Es fehlt an mutigen Veranstaltern und Betreibern von Spielstätten, die Auftritte und Ausstellungen ermöglichen. Die bildende Kunst ist derzeit der wohl am stärksten wachsende Zweig der alternativen Kulturszene. Es existieren zahlreiche interessante Werke zu brisanten Themen der Gegenwart. Nur finden sie kein großes Publikum, weil kaum jemand Räumlichkeiten zur Verfügung stellt.

Kritische, unangepasste Kunst muss verbreitet werden. Sie muss im öffentlichen Raum präsent sein, um ein Gegengewicht zu bilden. Sie darf das Feld nicht der Cancel Culture überlassen, sonst wird die Kunst insgesamt öde und langweilig. Sie verliert ihre gesellschaftliche Funktion als Korrektiv und verkommt zum Propagandainstrument, das den Geist der Aufklärung narkotisiert. Wer eine solche Entwicklung vermeiden möchte, wem an einer nonkonformistischen Kunst gelegen ist, der sollte die alternative Kulturszene in der einen oder anderen Form unterstützen. Möglichkeiten gibt es genug.

KABARETT

Uwe Steimle

https://www.uwesteimle.de/

Lisa Fitz

https://www.lisa-fitz.de/

Ludger K.

http://ludger-k.de/html/index.htm

Uli Masuth

https://kabarett-musik.de/

Martin Großmann

https://martin-grossmann.de/

Franz Esser

https://franz-esser.jimdosite.com/

Nikolai Binner

https://nikolaibinner.de/

MUSIK

Hip-Hop

SchwrzVyce

https://schwrzvyce.com/

Rapbellions

https://www.rapbellions.com/

Ukvali

https://www.ukvali-shop.de/

Phizzo

https://www.phizzo-shop.de/

Kilez More

https://shop.kilezmore.de/

Äon

https://www.morgaineofficial.com/product-page/%C3%A4on-neues-album-jetzt-vorbestellen-v%C3%B6-winter-2020

Pop

Ralph Valenteano

https://valenteano.com/

Alien's Best Friend

https://aliensbestfriend.com/

Alex Olivari

https://www.ao-ton.com/shop

Enter Tainy

https://www.youtube.com/@entertainy5542/featured

Augustin

https://www.youtube.com/@augustinmedia2476/videos

Morgaine

https://www.morgaineofficial.com/

Alexander Tuschinski

http://www.alexander-tuschinski.de/

Rock

Ralph Valenteano

https://valenteano.com/

Buzz_G.

https://www.youtube.com/@buzz_g.3653/featured

Björn Banane

https://www.bjoern-banane.com/

The Refusers

https://therefusers.com/home

Singer-Songwriter

Jens Fischer Rodrian

https://www.wahnundsinn.com/

Yann Song King

https://www.yannsongking.de/

Karsten Troyke

https://www.karsten-troyke.de/

El Alemán

https://www.el-aleman.de/

Yoki

https://www.yokidoki.ch/

Tino Eisbrenner

https://www.eisbrenner.de/

KUNST

Fotografie

Martin Lopez

https://eyespeak.de/?s=Demo

Marc Bernot

https://marcbernot.de/

Hannes Henkelmann

https://t.me/hanneshenkelmann

Sandra Doornbos

https://www.sandradoornbos.com/fotojournalismus/

IAFF

Marie Finkl

https://www.mariefinkl.de/

Oliver Sperl

https://oliversperl.myportfolio.com/

Kathrin Henneberger

https://kathrin-henneberger.de/

André Kramer

https://atelier18.de/andre-kramer/

Matthias Fitz

https://www.matthiasfitz.de/

Kuno Ebert

https://www.kunoebert.de/

Clement Loisel

https://clementloisel.com/

Arndt Nollau

https://www.arndt-nollau.de/

Michal Lezian

https://www.instagram.com/michallezian/

Dominik Dragos Pohludka

https://dragos-art.com/

Siggi von Vril

https://siggivonvril.com/

Raymond Unger

https://www.raymond-unger.de/

Karikaturen, Cartoons, Comics

Bert Hochmiller

https://pandemimimi.de/

Makus Jöhring

↗ https://markus-joehring.de/corona-cartoon

Rob

↗ https://t.me/robcartoon

Comiczeichner

↗ https://t.me/comiczeichner4all

Olaf Schmalbein

↗ https://olafschmalbein.de

Bernd Zeller

↗ https://zellerzeitung.de/

LITERATUR

Lyrik

Rudolph Bauer

↗ https://rudolph-bauer.de/

Alexa Rodrian

↗ https://www.alexarodrian.de/

Prosa

Sonja Silberhorn

↗ https://www.sonja-silberhorn.de/

Gerald Ehegartner

↗ https://geraldehegartner.com/

Philine Conrad

↗ https://www.philineconrad.com/

EVENTS UND INITIATIVEN

DAS FESTIVAL

https://dasfestival.eu/

Benefizkonzert für Julian Assange

https://protestnoten.de/6-solikonzert-fuer-julian-assange/

Kunst ist Leben

https://www.kunstistleben.info/

KulturKreis Pankow

https://kulturkreis-pankow.de/

NuoViso

https://nuoviso.tv/home/

Red Carpet Award

https://www.fpcm.media/

Musik, Film, Literatur – kulturjournalistische Beiträge
kultur-zentner.de

Über den Autor

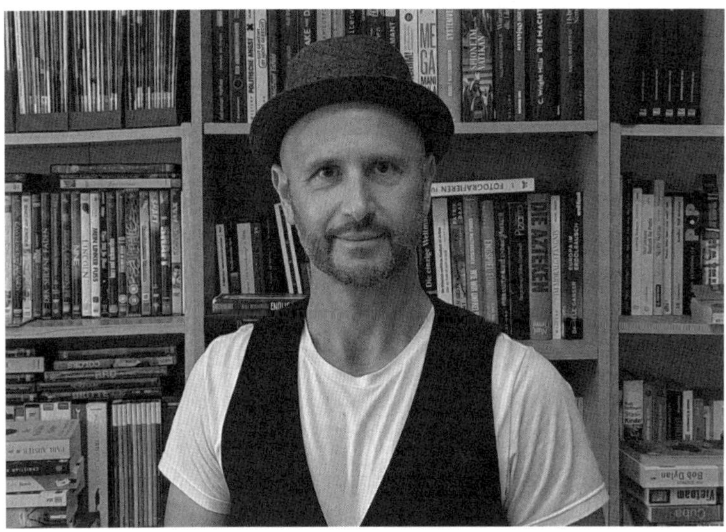

Eugen Zentner, Jahrgang 1979, studierte Germanistik und Philosophie in Leipzig. 2016 promovierte er in Oldenburg in der Literaturwissenschaft zum Thema Autofiktion. Ein Jahr darauf absolvierte er in Berlin eine Ausbildung zum Drehbuchautor.

Zentner lebt in Berlin und arbeitet seit 2016 als freier Kulturjournalist. Er schrieb unter anderem für die Deutsche Presse-Agentur, den Musikexpress und den Schweizer Monat. Während der Corona-Krise wechselte er in den Bereich der alternativen Medien. Seine Beiträge erscheinen regelmäßig bei den NachDenkSeiten, apolut und Transition News. Zudem arbeitet Zentner als Nachrichtenredakteur für den Radiosender Kontrafunk. 2020 gründete er den Blog kulturzentner.de, wo er die im Zuge der Corona-Krise entstandene alternative Kulturszene aus unterschiedlichen Blickwinkeln beleuchtet.

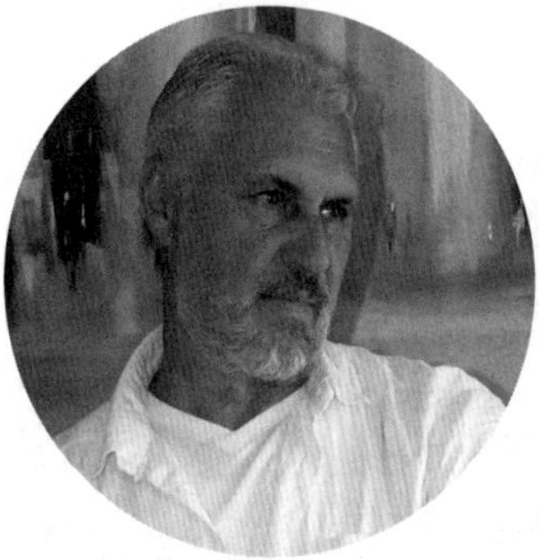

Robert Hettich, der zeitgenössische deutsche Künstler, besitzt eine einzigartige künstlerische Vision, die durch ein außergewöhnliches Zusammenspiel von Licht, Farbe und Komposition gekennzeichnet ist.

Hettich studierte zunächst Grafik, Kunst und Malerei. Später fügte er noch ein Grafikdesignstudium an. Dieser doppelte Ausbildungsweg mag eine Erklärung für seine Vielseitigkeit sein. Er wird seit langem auch in Sammlerkreisen hoch gehandelt, denn er verbindet technische Perfektion mit kreativer Originalität.

„Get together"

Acryl auf Leinwand

70 x 100 cm

Deutschland, 2006

Get Together

Das Kunstwerk auf dem Umschlag ist das Lieblingsbild des Verlegers. Es hängt als Kopie neben dem Esstisch, an dem jeder willkommen ist. Gemeinsam Mahl halten und diskutieren ist nicht nur für die Familie wichtig, sondern könnte darüber hinaus für jede Gesellschaftsform fundamental sein. Somit deutet dieses Bild die verbindende Kraft von Kunst und Kultur – und führt sie weiter in einen (Er-)Lebensraum hin zur *Sozialen Plastik*. Möge das vorliegende Buch auch in diesem Sinne wirksam sein!

www.the-great-weset.de

The Great WeSet

Sachbuch-Reihe

Wir setzen dem Great Reset des Weltwirtschaftsforums ein **We**, ein **Wir**, entgegen. Die Reihe widmet sich der Gegenöffentlichkeit, die sich in vielen Bereichen des gesellschaftlichen Lebens formiert hat.

Vielleicht wird aus der »improvisierten Skizze« einer wirkungsvollen Freiheitsbewegung dann mit der Zeit ein großes Gemälde.

Roland Rottenfußer, manova.news

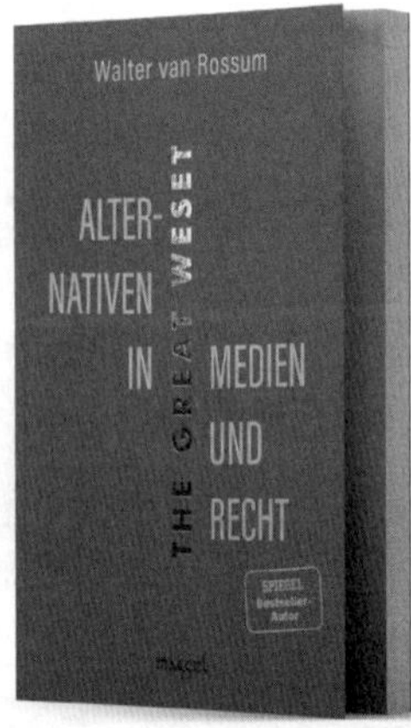

Im ersten Band stellt Walter van Rossum Alternativen in Medien und Recht vor.

ISBN 978-3-948576-06-6
September 2021

224 Seiten,
Inkl. Anhang mit über
50 Internetseiten und Blogs

© Dirk Wächter

Walter van Rossum, Jahrgang 1954, ist Journalist, Medienkritiker und mehrfacher Bestsellerautor. Er arbeitete u.a. für WDR, DLF und schrieb in der ZEIT, FAZ, u.v.a.

Seit Herbst 2021 diskutiert Walter van Rossum mit wechselnden Gesprächspartnern über brisante Themen der Gegenwart. Die Kultsendung »The Great WeSet« wird bei Manova und YouTube veröffentlicht.

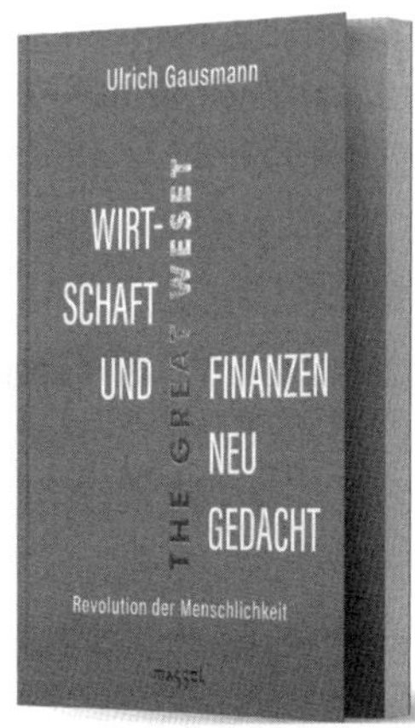

Revolution der Menschlichkeit

Im zweiten Band stellt Ulrich Gausmann Alternativen für Wirtschafts- und Finanzsysteme vor.

ISBN 978-3-948576-07-3
November 2023

344 Seiten,
Inkl. 30 Seiten Anhang
mit Internetadressen
und lesenswerten Bücher

»Eine spannende, engagierte, kenntnisreiche und gut verständliche Lektüre.«

Dr. Eugen Drewermann

»Ulrich Gausmann geht zu Menschen, die zeigen, wie die Revolution aussehen könnte, und sieht dort die neue Welt … Anregend, wichtig, gut.«

Prof. Dr. Michael Meyen

Der Autor und Sozialwissenschaftler Dr. Ulrich Gausmann hat sich bei alternativen Wirtschafts- und Finanzprojekten umgeschaut. Was macht Sinn? Was funktioniert? Und gibt es sie schon, die Revolution von unten? Er kommt zu der Erkenntnis: Ja, ein besseres Leben ist machbar! Im Buch werden einige Beispiele für reale Utopien in der Praxis vorgestellt: von Energiewendedörfer über Initiativen aus Unternehmerschaft und Gewerkschaften bis hin zu regionalem Geld und den Vorschläge von Silvio Gesell.

Weitere Bände etwa über Bildung und Gesundheit sind in Planung …

Weitere Titel im massel Verlag

Alice im Neuland erzählt die Geschichte des Internets irgendwo zwischen Bilderbuch und Märchen, Sachbuch und Erziehungsratgeber. Das Buch ist eine Zumutung für die ganze Familie. Kreuz und quer zerrt der Autor seine Leser zusammen mit Alice durch das Neuland, bis die grauen Zellen Funken sprühen. Die Geschichte muss weitergesponnen werden: Computer Frischlinge und alte Hasen diskutieren am Küchentisch über ihre Entdeckungen. *Alice im Neuland* will nichts erklären, sondern Kreativität und freies Denken fördern.

Paul Andersson:
Alice im Neuland

Hardcover, Fadenheftung:
148 Seiten
Größe: 21 × 21 cm
8 - 99 Jahre

ISBN 978-3-948576-00-4
Oktober 2019

Ein Buch von der Suche in der Natur
und dem Ankommen bei sich selbst!

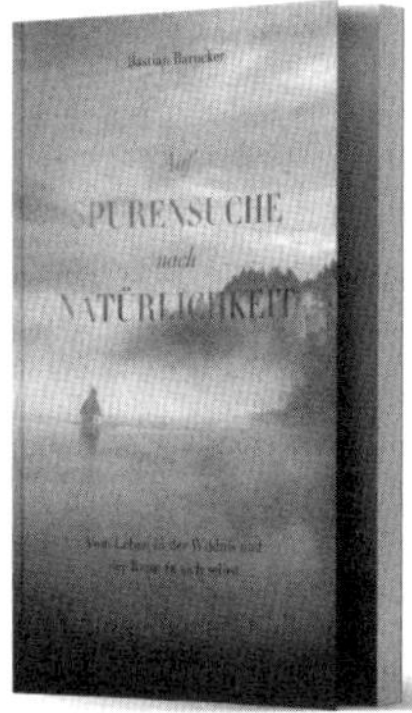

Bastian Barucker:
Auf Spurensuche nach Natürlichkeit

Softcover mit Kupferprägung
224 Seiten
Größe: 13,5 × 21,6 cm

ISBN 978-3-948576-04-2
Juni 2022

Bastian Barucker beschreibt anhand mehrerer Artikel, die in zwei großen Teilen zusammengefasst sind, seine intensive Lernreise in die innere & äußere Natur.

Eva Urban:
WAR DA WAS? Kirchengeschichte(n) seit Abraham – Überraschungen und Chance

Hardcover mit Schutzumschlag
ca. 160 Seiten
Größe: 12,5 × 20,5 cm

ISBN 978-3-948576-08-0
Februar 2024

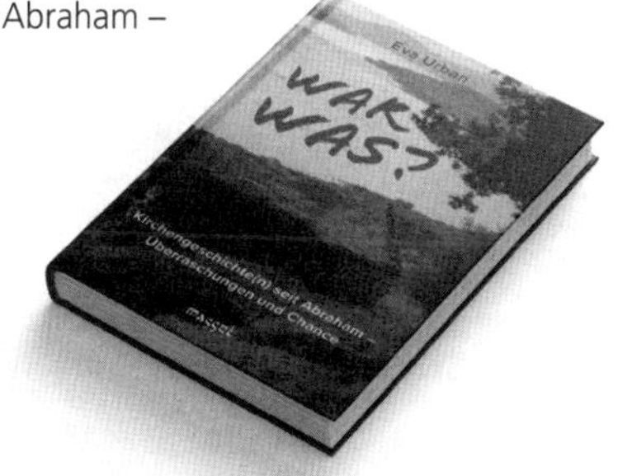

Lohnt sich die Frage nach dem Glauben im 21. Jahrhundert überhaupt noch? Ja, sie lohnt sich, ist die Autorin überzeugt. Ein Buch für Enttäuschte und Zweifelnde, die das Fragen und Hoffen noch nicht ganz aufgegeben haben – oder einfach für alle Neugierigen.

Lob und Kritik

Teilen Sie Ihre Leseeindrücke! Autor und Verlag freuen sich über vielfältige **Rezensionen** unter:
www.the-great-weset.de

Für einen lebhaften Dialog abonnieren Sie gerne auch unseren **Newsletter**. Wir informieren Sie über neue Bücher und Lesungen von Eugen Zentner.

Impressum

massel Verlag Martin Sell
Herzog-Wilhelm-Str. 25
80331 München
Germany
www.masselverlag.de
verlag@massel.net
© 2024 massel Verlag, München

Lektorat: Michael Sailer
Umschlag Foto: Robert Hettich
Gestaltung: jedernet GmbH, München
Druck: Kreiter Druckservice GmbH, Wolfratshausen

Alle Inhalte dieses Buches, insbesondere Texte, Fotografien und Grafiken, sind urheberrechtlich geschützt. Das Urheberrecht liegt, soweit nicht ausdrücklich anders gekennzeichnet, beim massel Verlag. Bitte fragen Sie uns, falls Sie die Inhalte dieses Buches verwenden möchten.

Wir freuen uns über Leserbriefe, Manuskripte von Neuautoren und Empfehlungen! Sie haben einen Fehler im Buch entdeckt? Schreiben Sie uns bitte eine E-Mail an: verlag@massel.net